本书系 2019 年北京高等教育本科教学改革创新项目"以高质量人才培养为导向的本科生转专业制度创新研究"阶段性成果

高水平特色大学复语复合人才选拔机制改革研究

曲鑫 等◎著

旅游教育出版社
·北京·

作者简介

曲鑫（1977—），北京第二外国语学院英语学院教授、教务处处长，主要从事语言测评、外语教育领域教学与研究工作。

刘赫宇（1992—），北京第二外国语学院马克思主义学院讲师，主要从事中国近现代史、形势与政策教学与研究工作。

秦琦（1979—），哲学硕士，北京第二外国语学院教务处副处长，主要从事高等教育管理与研究工作。

马腾飞（1985—），经济学博士，北京第二外国语学院对外合作与产业管理处处长，主要从事高等教育管理与研究工作。

前　言

北京第二外国语学院，是一所以外语和旅游为鲜明旗帜的高水平特色大学。截至2022年5月，学校有各类在校生近万人，其中本科生6300余人、研究生1400余人、留学生近700人、贯培生近1400人。现设英语学院、日语学院、亚洲学院、欧洲学院、中东学院、高级翻译学院、旅游科学学院、商学院、经济学院、政党外交学院、文化与传播学院、汉语学院、马克思主义学院、体育部、基础科学部、贯培学院和夏斗湖学院17个教学单位。图书馆现有藏书122万余册，年订外文原版报刊187种、中文报刊486种；电子图书100余万册；数据库129个，其中中文数据库43个、外文数据库84个，自建数据库2个。① 现在的二外，已经成为外语和旅游高精尖人才培养的高地、中外人文交流和对外讲好中国故事人才培养的摇篮，成为中外文明交流互鉴、中国道路国际传播、区域与全球治理研究的前沿重地，成为引领世界旅游发展的理论创新中心、旅游治理中国方案的重要研究基地，成为全国教育国际交流展示的重要窗口、北京全球主要留学中心和世界杰出青年向往的留学目的地、首都国际交往中心外事外交活动的重要"会客厅"，成为全国一流、世界知名、具有鲜明北京特色的高水平外国语大学。

进入"十四五"时期，学校的发展基本会遵循以下思路，即以党建为引领、以立德树人为根本、以深化改革为动能、以融合创新发展为驱动、以强化治理为关键，以外语旅游优势特色学科建设为龙头，以一流专业、一流课程建设为抓手，以高水平特色人才培养、师资队伍建设、科学研究服务、国际合

---

① 《北京第二外国语学院简介》，见北京第二外国语学院官方首页。

作交流及育人环境优化为重点，牢牢把握"高水平特色大学"办学定位，坚持国际化发展战略，坚持内涵发展道路，聚焦服务首都"国际交往中心""两区""国际会展之都"建设，强特色、强水平，立足北京、辐射全国、面向世界，着力推动具有鲜明北京特色的高水平外国语大学建设取得显著成效。"十四五"时期，同样是二外全面建设高水平特色大学的关键阶段，与此同时，学校事业发展面临国际国内新形势新要求。而从国际竞争和国家战略的视角来看，学校还必须在培养高层次国际化复合型人才的问题上下足功夫。

转专业制度是高校教育教学领域的热点话题，时至今日，二外践行转专业制度尝试已近十年，取得了令人欣慰的效果，然而如何将相关成果系统化，生成更为系统的制度体系，依旧存在较大的深入空间。同时，自2020年起，北京市高考实行重大改革，采取"3+3"模式，取消原先实行的文理科。4月7日，北京市教委发布《北京市关于深化考试招生制度改革的实施方案》，学生的高考总成绩由语、数、外三门统一高考成绩及3门学业水平考试成绩构成，并按照"分数优先、遵循志愿"的方式投档，用大平行方式取代本科一、二、三批次志愿。这也为北京市内各高校的转专业制度提供了更多关注点。

转专业制度，事实上涉及招生、选拔及培养等多个环节。截至目前，学界对相关问题进行过较为深入的研究，主要集中在招生部门职能、招生模式转型等问题上。早在2004年，有学者提出高校招生部门职能转型，指出在新时期，高考招生录取制度面临质疑，高校传统的招生录取职能需要新的诠释；中国加入世贸组织，生源竞争愈加激烈，高校招生办制订招生计划的传统职能受到影响；招生服务和管理工作信息化成为高校招生部门必须逐步完善的职能。[①]

2014年，《中国经济时报》就组织圆桌论坛，以"新招生模式能否改善人才选拔机制"为题，邀请国家教育发展中心和国务院发展中心专家，探讨今后国家招生制度改革的可行之路。专家们一致认为，考试招生制度改革的深入实施，必将引领高中学校深入推进素质教育，从而更加要求学校和教师在教学过程中全面观察、分析每个学生，因材施教，善于发展和开发学生的潜在优势，

---

① 杨悦、宗俊峰：《高校招生部门职能转型研究》，《高等工程教育研究》2005年第2期，第63页。

使他们的个性得到充分自由的发展，实现有教无类和因材施教的结合，为每一个孩子提供适合的教育。考试评价在于全面考查学生的综合素质能力，而不在于单一课程的笔试分数。而在实行学业水平考核和综合评价之后，在具体实践过程中，最先表现出两个现实困难和问题。一是给学校教学带来的挑战。以分数评价的判断标准虽然偏颇，但是简单、明了，现在要做到因材施教，学校和教师就要调整原先的管理模式和教学模式，这给校长和老师都带来了很大的工作压力。二是给学生选择的压力。在以往模式下，高中学生只需要选择文科、理科即可，而改革后学生文理兼修、文理兼考，选择权进一步加大，要发现自己的特长和优势，提前选择，规划人生。这些变化，让那些习惯了"被安排"的学生不知道怎么去发现自己的兴趣和爱好、优势和特长。这些变化对学校的教学实施和学生管理等提出了新的要求。①

周学铁认为传统的人才选拔模式中，在人才选拔方式、人才评价体系、教育公平性等方面尚存在很大进步空间。很多综合类高校选择走学科大类招生之路，这种做法可以帮助学生在入学后更好地进行通识教育，通过对基础学科、专业基础学科和专业发展的了解和学习，结合自己的个性化情况选择适合自己的专业，为进一步的专业课程学习打下良好的基础；能够满足学生个性化发展的要求，既注重知识结构的交叉与融合，也加强学生专业知识的培养，从而提高不同岗位的就业竞争力；还可以根据学校的人才培养目标，按照行业和就业区域的经济结构需求，设置柔性专业方向，提高学生就业的针对性，满足市场的需要。创新自主招生方式，选拔个性化人才。加强高校自主招生形式的探索和创新，在原有的自主招生考试进行笔试和面试的同时，根据学生报名条件、特长技能情况和专家的初审评价，对于一些具有特殊天赋和才能的学生开展不同类别的测试，学校组织相关专家对考生所提供的作品和自身的客观条件进行评估，考查学生真正所具有的特长和潜质，通过多样化、差异化和个性化的人才选拔方式，多角度和全方位地了解考生的特长和潜质。②

---

① 《新招生模式能否改善人才选拔机制》，《中国经济时报》2014年12月31日，第010版。
② 周学铁、邢光军：《高考综合改革背景下的高校招生机制改革》，《教育与职业》2015年第35期，第40页。

徐勤荣等人以浙江省为例，探究了新一轮高考综合改革背景下中学教学与高校招生的对策，认为在新一轮高考综合改革科目选考背景下，中学和高校各自面临着不同的挑战。中学与高校如何应对新高考带来的选课走班、学生学科基础不一的问题，将成为新一轮高考综合改革研究的热点。中学改变教学管理模式，深化教育教学改革，提升核心素养教育，高校加强专业内涵建设，优化专业结构，加强专业宣传，增进与中学的互动，是应对新高考改革的重要举措。①

具体到高校转专业制度，顾建民等人从学生满意度理论入手，发现学生期望能够显著负向预测转专业满意度，也能分别通过质量感知、价值感知的独立中介作用和质量感知与价值感知的链式中介作用间接预测学生满意度，且总间接效应明显大于直接效应；在三个特定间接效应中，学生转专业质量感知的独立间接效应最大。为提高学生转专业满意度，高校应反思转专业政策，撬动人才培养深度改革；加强转专业引导，帮助学生形成合理预期；完善转专业管理，提升学生的质量与价值感知。②

有观点认为，对刚刚结束高中课程的学生而言，在高考志愿的专业填报上以考上大学为目标，却忽略了所选专业自己是否感兴趣，这对以后的学习造成了一定的影响。因此，越来越多的学生开始尝试通过转专业考试重新选择新专业，但在就业和专业学习双重压力下，学生的最终选择还是会存在一定的误差。而且，在转专业后，学生往往会出现一定的适应问题，如专业知识学习能否跟上进度、跨专业跨院系人际交往等。张际峰以A省H学院799名学生为研究对象，采用T检验方法对转专业和非转专业学生的学习成绩进行了分析。研究显示，大学期间总体智育成绩，小学教育和数学与应用数学两个专业的转专业学生与非转专业学生无显著性差异，化学和英语两个专业转专业学生显著高于非转专业学生；其中，转专业学生的高考成绩显著低于非转专业学生。总

---

① 徐勤荣、杨志亮、石磊峰：《新一轮高考综合改革背景下中学教学与高校招生的对策研究——以浙江省为例》，《考试研究》2018年第5期，第30-32页。
② 顾建民、江美芬、黄亚婷：《高校学生转专业满意度及其影响机制》，《教育发展研究》2022年第3期，第15-24页。

体而言，学生通过转专业后，学习成绩相对有了明显的提升，转专业对大学生学业成绩的提高具有促进作用。①

近年来，大学专业分析的新思路不断出现，如有学者基于一个引入岗位匹配度的在岗寻职模型，分析了理科和文科专业劳动者职业决策差异的来源：相比于文科专业的劳动者，理科面临的岗位匹配度分布更为离散，较高岗位匹配度带来的工资收益更高。基于某猎头公司人才库数据，本文在实证分析中验证了理论模型的预期：在入职初期，STEM类专业（理工科）的劳动者相比于LEM类（经管法类）和其他文科类的劳动者会更频繁地更换工作；随着工作经验的积累，LEM类专业的劳动者会先于STEM类专业的劳动者进入职业稳定阶段。②

还有部分学位论文关注了当下高校专业设置以及转专业制度的探索。在我国高等教育全力推进"双一流"建设和加快实现内涵式发展的关键阶段，提高人才培养质量尤其是本科教育质量，是高等教育改革发展的根本任务。而我国本科教育自新中国成立以来便开始进行以专业设置为核心的教学制度设计，并将专业始终视为高校本科人才培养的基本单位，这直接决定了专业设置在本科教育中的地位与作用。但长期以来，受我国高等教育规模扩大和市场经济体制发展等内外部环境变化的影响，我国高校本科专业设置始终表现出一定的随意性与盲目性，至今也没有得以有效解决。研究型大学作为大众化时代承担精英教育责任的主体，其本科专业设置对其他类型高校起着重要的引领与示范作用。对其本科专业设置进行研究，对于提高我国整体本科教育质量具有重要意义。对此，本文以研究型大学为切入点，对高校本科专业设置进行了系统研究，最终目的是为我国研究型大学本科专业设置的优化路径及高校本科人才培养质量的提升提供相应的论据和对策思考。为实现这一目标，本研究采用文献研究、文本分析、数据分析、访谈调查等方法，基于实践与理论的双向建构，

---

① 详见丁文昊：《就业压力背景下大学生转专业的动机及适应情况分析》，《就业与保障》2021年第16期；张际峰、平瑶、霍玉洪：《成绩对比分析探究转专业行为对学业的激励作用》，《淮南师范学院学报》2021年第6期。

② 谭娅、封世蓝、黄楠：《大学专业与职业发展异质性研究》，《经济科学》2020年第3期，第99页。

将论文主要分为三个层面——理性认识、实证研究及理论探讨。

第一，在理性认识层面，通过问题提出、文献综述以及研究设计，剖析了高校本科专业设置的内涵，并将其概括为一个纵横交错的体系。就纵向而言，高校本科专业设置包括过程与结果两个方面，即完整系统的高校本科专业设置包括从专业生成到专业建设与发展的全过程。就横向而言，高校本科专业设置又表现为客观属性与主观价值的统一体，即科学合理的高校本科专业设置具有"相关逻辑特性总和"与"各利益相关主体权力与需求适应性"的双重特征。而且，高校本科专业设置行为主体权力与需求的适应性，与其多元逻辑的特性总和是相互影响、对应统一的，并分别通过本科专业设置的过程与结果得以反映。由此，本研究将对高校本科专业设置的理性认识概括为：高校本科专业设置是过程与结果的统一；高校本科专业设置要遵循多元逻辑的协调统一；高校本科专业设置要兼顾利益相关主体权力与需求的统一。并在此基础上，分别通过对专业设置各逻辑历史演变与基本诉求的分析，以及专业设置各利益主体权益的审视，对该理性认识进行了具体分析。

第二，在实证研究层面，基于对高校本科专业设置的理性认识，主要从过程与结果两个方面对我国研究型大学本科专业设置进行实践分析。就其过程而言，主要包括本科专业内容确定、专业设置模式设计以及各主体权力划配，即设置什么专业、怎样设置专业和谁来设置专业三个基本方面。研究发现，目前我国研究型大学本科专业设置主要表现为基于"统一管理，分级备案或审批"的国家行为过程。在这一过程中，虽然各高校在专业设置模式设计等方面具有一定的话语权，但仍然无法超越政府的主导作用，而社会与学生主体更是处于被相对忽略的状态。就其结果而言，主要包括专业结构布局状态与专业内涵建设状态两个方面。研究发现，无论是研究型大学本科专业数量所呈现的静态与动态状况，还是本科专业布局所呈现的外部与内部结构，抑或是学生对各专业及其课程的认知状态，均表明各高校更为重视专业结构调整而忽视专业内涵建设。

第三，在理论探讨层面，通过对研究型大学本科专业设置过程与结果的实践研究，本文将其基本特征主要总结为以下几点：本科专业设置管理体制表现出明显的统一性与计划性特征；本科专业布局与结构表现出较强的稳定性与趋同性特征；本科课程设置表现出较强的专业化与形式化特征。根据对其特征的分析，认为相对于研究型大学本科人才培养的精英性目标而言，其本科专业设置的特殊性并没有得到充分发挥。在此基础上，本研究透过特征表面从学理层面进一步对我国研究型大学本科专业设置背后的问题本质进行理论反思。

作者认为，研究型大学本科专业设置制度改革存在一定的历史惯性；本科专业设置多元逻辑之间存在一定程度的失衡与冲突；本科专业设置中的利益关系存在一定的强制性割裂。基于此，研究从专业作为一种课程组合来进行人才培养的本质内涵出发，基于"淡化专业、强化课程"的合理性，结合研究型大学本科人才培养的精英性目标，主要提出，研究型大学应该从明确人才培养理念、健全专业管理体制、创新人才培养模式三个方面来调整专业价值取向、淡化本科专业结构、强化本科课程设置。邢瑞冬立足42所双一流高校转专业制度运行机制，明确高校转专业制度研究依托的人本主义管理理论、帕累托最优理论、利益相关者理论及学习自由理论等，梳理了研究现状。并收集双一流高校转专业制度文本进行编码分析，发现各校设置的转专业时间基本固定在学期或学年的初期或末期，在人数比例设置上，基本取消了转出限制，而采取限制转入的方式；在申请条件上，多数学校采用纳入与排除条件结合的混合标准。通过横向比较理工类、文理类、行业类高校的申请条件，发现特殊招生、特殊专业和入学时长是其共同关注的条件。相比之下，理工类高校更为重视学习成绩和专业背景，文理类、行业类高校则注重学生兴趣特长。

在院系接受条件上，本科生的原专业最受重视，其余依次是专业兴趣特长、知识基础、思想品行。自然科学比人文社会科学专业更为重视专业成绩和专业背景。[①] 根据高校转专业制度的实践结果，发现严格的转专业制度会抑制本科生的转专业意愿，降低转专业的成功率。结合本科生的专业流动情况，发现计算机类、临床医学、经济学等是主要流入专业，机械类、材料类、土木类等是主要流出专业。其中，人文类与理工类专业间流动性较弱。

---

① 刘海涛：《中国高校本科专业设置研究——以研究型大学为例》，厦门大学博士学位论文，2019年。

对高校本科生转专业制度层面与实践情况进行分析，也发现一些高校在转专业制度安排上的优势与经验，主要如下：一是减少前置性条件，降低转专业报名门槛；二是转专业申请人多样化，扩大转专业制度的覆盖面；三是采取多志愿申请方式，提高转专业的成功率；四是个性化学业指导与自由选课制度，实现本科生自主化转专业。同时结合转专业制度理论与实践情况，反思当前本科生转专业制度存在的不足，主要体现在：一是转专业制度的逻辑错位；二是转专业时间集中固定、次数控制严格；三是转专业制度实施对象失衡，忽视实际需求群体；四是转专业门槛下沉至院系，宽出严进。

而针对当前高校转专业制度存在的问题，作者结合部分先进的制度经验提出以下优化建议：一是弱化专业界限，培养复合型人才；二是提供相对自由的转专业通道；三是优化转专业流程，增设个性化专业咨询与指导环节；四是构建高校本科生转专业的反馈与服务机制。[①]

由此可见，高校转专业制度是高等教育改革中的一个重要话题，同时也为我们观察人才培养、选拔制度提供理想的透镜。前人更多从宏观层面或者从各自专业视角入手，思考该制度的优势与不足。而对于北京第二外国语学院这样的文科类专业性高校，学生参与转专业的活动存在着更为显著的独特性，不仅事关学校外语专业内部、外语专业与非外语专业之间的平衡协调发展，更是学校专业对外人才培养、评价机制的重要组成部分。事实上，双学位制度面临着诸多争议，有学者认为应从人才培养、目标确定、质量监控保障与管理机制创新、教学管理制度健全与学生评价制度完善四个方面重构高校双学位人才培养制度。鉴于此，本书以北京第二外国语学院招生、培养及本科生转专业实践为中心，讨论当前外语类特色型高校人才选拔机制改革的合理路径。

---

① 邢瑞冬：《我国"双一流"高校本科生转专业制度研究》，吉林大学硕士学位论文，2022年。

目 录

第一章　赓续红色血脉，培育特色人才 ························· 1

第二章　创新选拔机制，深耕复语复合 ························· 7
 第一节　人才选拔机制创新 ································· 7
 第二节　人才培养特色凝练 ································· 8
 第三节　复语复合理念实施 ································ 14

第三章　树立教风学风，构建专业认同 ························ 23
 第一节　近年招生现状分析 ································ 23
 第二节　就读期间专业认同 ································ 30

第四章　鼓励学业自主，满足动态需求 ························ 36
 第一节　转专业制度保障学业自主 ·························· 36
 第二节　学习动态需求增长及应对 ·························· 39

第五章　落实立德树人，服务国家战略 ························ 41
 第一节　新文科带来新机遇 ································ 41
 第二节　高校发展应以服务国家战略为根本目标 ·············· 44

结　语 ·· 50

参考文献 ·· 52

附　录 ·· 56

高水平特色大学复语复合人才选拔机制改革研究

附录1　2022年招生专业及计划数 …………………………… 56
附录2　2021年录取分数 ……………………………………… 67
附录3　人才培养 ……………………………………………… 73
附录4　部分国际合作学校 …………………………………… 77
附录5　毕业就业 ……………………………………………… 82
附录6　普通本科招生章程 …………………………………… 85
附录7　英语学院 ……………………………………………… 90
附录8　日语学院 ……………………………………………… 92
附录9　亚洲学院 ……………………………………………… 95
附录10　欧洲学院 ……………………………………………… 97
附录11　中东学院 ……………………………………………… 102
附录12　高级翻译学院 ………………………………………… 104
附录13　旅游科学学院 ………………………………………… 108
附录14　商学院 ………………………………………………… 113
附录15　经济学院 ……………………………………………… 115
附录16　政党外交学院 ………………………………………… 118
附录17　文化与传播学院 ……………………………………… 121
附录18　汉语学院 ……………………………………………… 123

第一章　赓续红色血脉，培育特色人才

党的十九届六中全会通过的《中共中央关于党的百年奋斗重大成就和历史经验的决议》强调："赓续党的红色血脉，弘扬党的优良传统"。党的十八大以来，习近平总书记围绕传承红色基因、赓续红色血脉做出一系列重要论述，为我们做好红色基因传承指明了方向。

这份重要文件还指出，党和人民事业发展需要一代代中国共产党人接续奋斗，必须抓好后继有人这个根本大计。要坚持用习近平新时代中国特色社会主义思想教育人，用党的理想信念凝聚人，用社会主义核心价值观培育人，用中华民族伟大复兴历史使命激励人，培养造就大批堪当时代重任的接班人。要源源不断培养选拔德才兼备、忠诚干净担当的高素质专业化干部特别是优秀年轻干部，教育引导广大党员、干部自觉做习近平新时代中国特色社会主义思想的坚定信仰者和忠实实践者，牢记空谈误国、实干兴邦的道理，树立不负人民的家国情怀、追求崇高的思想境界、增强过硬的担当本领。要源源不断把各方面先进分子特别是优秀青年吸收到党内来，教育引导青年党员永远以党的旗帜为旗帜、以党的方向为方向、以党的意志为意志，赓续党的红色血脉，弘扬党的优良传统，在斗争中经风雨、见世面、壮筋骨、长才干。要源源不断培养造就爱国奉献、勇于创新的优秀人才，真心爱才、悉心育才、精心用才，把各方面优秀人才集聚到党和人民的伟大奋斗中来。[①]

不仅如此，党和国家领导人长期以来都十分重视人文社科领域的发展。2022年4月，习近平总书记考察中国人民大学，并指出高校是我国哲学社会科

[①] 《中共中央关于党的百年奋斗重大成就和历史经验的决议（全文）》，见中华人民共和国中央人民政府官方网站（http://www.gov.cn/zhengce/2021-11/16/content_5651269.htm）。

学"五路大军"中的重要力量。当前,坚持和发展中国特色社会主义理论和实践提出了大量亟待解决的新问题,世界百年未有之大变局加速演进,世界进入新的动荡变革期,迫切需要回答好"世界怎么了""人类向何处去"的时代之题。要坚持把马克思主义基本原理同中国具体实际相结合、同中华优秀传统文化相结合,立足中华民族伟大复兴战略全局和世界百年未有之大变局,不断推进马克思主义中国化时代化。加快构建中国特色哲学社会科学,归根结底是建构中国自主的知识体系。要以中国为观照、以时代为观照,立足中国实际,解决中国问题,不断推动中华优秀传统文化创造性转化、创新性发展,不断推进知识创新、理论创新、方法创新,使中国特色哲学社会科学真正屹立于世界学术之林。哲学社会科学工作者要做到方向明、主义真、学问高、德行正,自觉以回答中国之问、世界之问、人民之问、时代之问为学术己任,以彰显中国之路、中国之治、中国之理为思想追求,在研究解决事关党和国家全局性、根本性、关键性的重大问题上拿出真本事、取得好成果。要发挥哲学社会科学在融通中外文化、增进文明交流中的独特作用,传播中国声音、中国理论、中国思想,让世界更好地读懂中国,为推动构建人类命运共同体做出积极贡献。

习近平强调,好的学校特色各不相同,但有一个共同特点,都有一支优秀的教师队伍。对教师来说,想把学生培养成什么样的人,自己首先就应该成为什么样的人。培养社会主义建设者和接班人,迫切需要我们的教师既精通专业知识、做好"经师",又涵养德行、成为"人师",努力做精于"传道授业解惑"的"经师"和"人师"的统一者。教育是一门"仁而爱人"的事业,有爱才有责任。广大教师要严爱相济、润己泽人,以人格魅力呵护学生心灵,以学术造诣开启学生智慧,把自己的温暖和情感倾注到每一个学生身上,让每一个学生都健康成长,让每一个孩子都有人生出彩的机会。老师应该有言为士则、行为世范的自觉,不断提高自身道德修养,以模范行为影响和带动学生,做学生为学、为事、为人的大先生,成为被社会尊重的楷模,成为世人效法的榜样。①

---

① 《习近平在中国人民大学考察时强调:坚持党的领导传承红色基因扎根中国大地 走出一条建设中国特色世界一流大学新路》,见中华人民共和国中央人民政府官方网站,(http://www.gov.cn/xinwen/2022-04/25/content_5687105.htm)。

北京第二外国语学院自建校起，就具有鲜明的红色基因。学校是在20世纪60年代新中国外交事业取得巨大进展的背景下，在新华社外文干校的基础上，由周总理的亲自关怀下建立起来的，旨在培养外语外事干部。二外长期以来十分重视为国家培养特色人才的使命，也十分重视校史及光荣传统的继承和发掘。2021年，我校推荐申报的"以'五个一'文化育人体系引领打造'传承红色基因培育时代新人'工程"就入选当年高校思想政治工作精品项目。值得一提的是，整个北京高校仅9个精品项目入选。该项目系统总结我校按照育人目标精准化、组织实施体系化和育人机制协同化原则建设的特色文化育人机制和已开展的各类相关重点工作，凸显出我校在文化育人方面的品牌特色、实践特色、成果特色和创新特色，体现其具有的推广应用价值和示范引领作用。学校坚持以服务国家战略和首都需求为导向，以培养"多语种复语、跨专业复合"的具有家国情怀、国际视野的国际化复合型人才为根本任务。经过多年的办学实践，形成了"学用结合，注重实践"的办学特色。外语专业强调"技能领先，注重实训"，狠抓"听、说、读、写、译"基本技能训练；非外语专业依托优势外语教学资源和多元文化环境，坚持"应用导向，强化实践"，走产学研一体化道路。学生国际视野宽阔，创新精神和实践能力突出，综合素质高，就业竞争力强。北京第二外国语学院自开办以来，秉持这样的培养模式，近60年时光里，从二外走出的数万名毕业生，遍及大江南北和世界各地，涌现出国务委员兼外交部部长王毅，商务部原部长高虎城，中联部原副部长刘洪才、徐绿平，外交部原副部长程国平，商务部原副部长陈健，原中国政府中东问题特使吴思科，中信集团公司原党委书记、董事长常振明，同济大学原副校长江波，世界旅游联盟秘书长刘世军等一批政界、外交界、商界、文教界杰出人士。学校总体目标是到2022年，基本建成北京市高水平特色大学；到2035年，建成北京特色鲜明、全国知名的高水平外国语大学；到21世纪中叶，建成具有世界影响力的高水平特色大学。

近年来，学校按照全国高校思政工作会和全国教育大会对人才培养工作提出的新要求，牢牢抓住思想政治工作这个根本保证，用习近平新时代中国特色社会主义思想驻魂育人，引导学生将爱国情、强国志、报国行自觉融入中国特色社会主义事业、中华民族伟大复兴的奋斗之中，做合格的社会主义建设者和接班人。未来学校将在进一步完善"三全育人"格局和构建"十大育人"体系方面发力，扎实推动我校思想政治工作水平迈上新台阶。①

认真贯彻教育部相关精神，加强"教风、学风、考风"建设，积极落实立德树人，坚持以首善标准推进课程思政建设，推进党的创新理论进教材、进课堂、进头脑，选树课程思政示范课、教学名师和团队，筹划建设校本课程思政教学研究示范中心，设立一批课程思政建设研究项目，弘扬红色文化、传承红色基因，充分体现翔宇精神、彰显校园文化底蕴，挖掘体现校本优势的课程思政元素，提炼具有校本特色的课程思政案例。着力推进学校"红培工程"（全称"传承红色基因　培育时代新人"工程），符合中国特色社会主义大学的育人要求，既是践行社会主义核心价值观的本质体现，又是红色旅游产业发展的现实需求。依托旅游科学学院创办的全国大学生红色旅游线路设计大赛入选教育部高校辅导员工作精品项目。学校始终把"红色基因"贯穿在全国大学生红色旅游创意策划大赛、全国红色旅游教育联盟和全国红色旅游课程体系建设之中，并彰显其核心地位。红色资源蕴含大学生思想政治教育价值理念，是大学生思想政治教育的重要载体。2020年，以"红旅大赛"为龙头，不断整合红色教育资源，通过打造红色讲堂、开展红色实践、探索红色课程，力求让红色基因贯穿教学和思想政治教育全过程，"红色基因"伴随着学校的发展壮大不断焕发出新的活力。②

北京第二外国语学院是国内较早设置旅游管理类专业的高校，旅游类专业也是二外的"招牌专业"之一，近年来，二外充分利用这一专业优势，结合丰富的校史及各地红色文旅资源，在赓续红色文化方面做出显著成绩。学校还十分重视各类相关活动的参与及主办。2021年5月，以"青春追寻红色路　不忘初心跟党走"为主题的第十一届全国大学生红色旅游创意策划大赛总决赛在

---

① 《北二外"红培工程"入选教育部2021年度高校思想政治工作精品项目》，见北京第二外国语学院官方网站。

② 《北京第二外国语学院本科教学质量报告（2020—2021学年）》第20-21页，见北京第二外国语学院官方网站。

浙江省嘉兴市举办。作为大赛成果之一，北京第二外国语学院与嘉兴市人民政府签订校地合作框架协议，双方共建"红培工程"实践教育基地，并围绕红色资源开发、人才培养等展开深度合作，进一步发挥高校服务国家战略和社会发展的作用，探索地方政府与高等院校建立多领域、全方位、深层次的合作新模式。中国旅游集团旅行服务有限公司和嘉兴市旅游协会选取大赛优秀作品签约获奖团队，实施"红色旅游联创联建孵化计划"，帮助大学生完成产品转化。①

2021年6月，"奋斗百年路 启航新征程"北京第二外国语学院党史学习教育沉浸式主题展览。"奋进百年路 启航新征程"党史学习教育沉浸式主题展览将红色党史和学校校史链接，在北京高校中首创以整座校园为"展厅"的沉浸式教育形式，通过室内外全息投影、大型裸眼3D合影区、党史时光站、3D造型党史知识展墙、党史知识自测互动区等丰富形式，重点突出展览的"知识性""立体性""趣味性"，真正将"党史""校史""校园文化"三大元素融为一体，让师生在走中学、在学中悟、在悟中用。展览分为"红色百年""青春向党""再创辉煌""榜样力量"四大篇章。第一篇章"红色百年"以校园内100米道路为主体，打造出一整条由11块3D造型知识展墙组成的"红色之路"，再现了中国共产党波澜壮阔的百年历史征程。第二篇章"青春向党"依托求是楼大型广场，通过"裸眼3D合影区"、室外全息投影幕布、党史时光站、党史知识自测互动区等，采用丰富多媒体手段，为师生了解党的奋斗历程、学习党的基本知识、认识党的理论和路线方针政策提供平台。第三篇章"再创辉煌"将现有的校史展馆"心馆"整体纳入，多元立体地将校史融入百年壮阔党史中，展现北二外深厚的红色基因和"为党育人、为国育才"的历史。第四篇章"榜样力量"利用35块实体橱窗，重点推出"我的入党故事""百人讲百年党史"等特色栏目，让身边人讲好党史故事。② 二外长期坚持的这些举措，为学校红色文化的培养和保护奠定了坚实基础，也使学校养成了良好的人文环境。

---

① 《让百年"红船"驶入"行走的思政课堂"》，见北京第二外国语学院官方网站。
② 《让整座校园成为百年党史展馆！北二外党史学习教育沉浸式主题展览开展》，见北京第二外国语学院官方网站。

二外历来重视红色文化的传承。2020年8月，第十二届全国大学生红色旅游创意策划大赛全国总决赛颁奖典礼在二外举行。本届大赛吸引了全国943所高校7085支队伍3.8万名师生报名参赛。经过线上激烈角逐，60支队伍脱颖而出获得全国奖项。第十二届红旅大赛以"筑梦新时代　青春谱华章"为主题，由文化和旅游部资源开发司、陕西省文化和旅游厅、延安市人民政府、北京第二外国语学院共同主办，得到教育部思想政治工作司、中共北京市委教育工作委员会、"学习强国"学习平台支持，由中国旅游协会旅游教育分会等单位承办。大赛围绕党的十八大以来，中国共产党带领全国各族人民在新时代取得的重大成就、形成的重要精神进行作品创作，设华北、东北、华东、华中、华南、西南、西北、其他八大赛区，设置"红色旅游线路设计""红色旅游营销方案设计""红色文创产品设计""红色足迹微视频""红色精神微讲解""红色故事微漫画"六大参赛类别；大赛决赛以延安精神、陕西红色旅游为作品设计重点，以线上形式举行。自2011年由北京第二外国语学院率先发起创办以来，红旅大赛已连续举办十二届，是目前国内规模最大的大学生旅游专业赛事，入选教育部全国大学生思想政治工作精品项目，被称为"面向千校万人的思政教育平台""行走在祖国大地上的思政大课"。①

计金标校长在2021年毕业典礼上发言称，提到我们二外人常说："你和世界，就差一个二外！"今天，你们从二外毕业，即将走向世界舞台，成为中国语者、世界行者。虽然当下的新冠疫情放缓了世界交流的步伐，但是人类命运始终处于一个共同体，世界人民必定会共同战胜这场疫情。疫情过后，全世界一定会拥抱得更紧更实，到那时，属于二外人的舞台将更光鲜、更广阔、更亮丽！②

---

① 《第十二届全国大学生红色旅游创意策划大赛全国总决赛线上举行》，见北京第二外国语学院官方网站。

② 《计金标校长寄语毕业生：不负时代　不负韶华　在热情拥抱人生中书写青春华章》，见北京第二外国语学院官方网站。

第二章　创新选拔机制，深耕复语复合

第一节　人才选拔机制创新

高校之中招生及考试等环节，事实上也是一种人才选拔的机制。从某种程度上讲，生源质量同师资力量，共同决定着一所大学的水平及声誉。在哈佛大学、耶鲁大学、普林斯顿大学等世界顶尖高校中，均设有转专业的完备制度。刚刚进入这些高校时，并不明确自身方向，入学之初并未申请专业。不少同学都是通过课外活动及自学发现真正兴趣所在，慢慢有了转专业的打算，如纽约大学商学院要求申请者必须在原学院修满32学分，相当于本科一年级的课程。

在中国，转专业制度同样是高等教育制度之中的重要组成部分，并得到国家层面的重视。教育部《普通高等学校学生管理规定》中就规定学生在学习期间对其他专业有兴趣和专长的，可以申请转专业；以特殊招生形式录取的学生，国家有相关规定或者录取前与学校有明确约定的，不得转专业。休学创业或退役后复学的学生，因自身情况需要转专业的，学校应当优先考虑。学校应当制订学生转专业的具体办法，建立公平、公正的标准和程序，健全公示制度。学校根据社会对人才需求情况的发展变化，需要适当调整专业的，应当允许在读学生转到其他相关专业就读。[①]

新高考改革的实行带来若干变化，第一，考试方式出现变化，高考改革后，除了语文、数学、外语为必考科目外，其他六门科目可以任选三门，这种考试方式也会导致高校中同一专业的学生的知识结构等方面存在差别；第二，

---

① 《突出立德树人，体现学生为本：教育部颁布新版〈普通高等学校学生管理规定〉》，见中华人民共和国教育部官方网站（http://www.moe.gov.cn/jyb_xwfb/gzdt_gzdt/s5987/201702/t20170216_296400.html）。

录取方式发生了变化。在原来的考试制度中,录取批次分为多个,新高考改革后,录取批次被合并。此项改革仅将录取批次做简单的划分,不再进一步细分,为各大高校和学生的互相选择提供了更多的选择。这一改革措施使高校不再接受批次的限制,摆脱了学生对高校的印象,学生可以不再以学校的批次作为参考,而是充分结合自身的实际情况,选择适合自己的学校作为目标院校。第三,考试内容发生了变化。考试内容更多地关注社会的突发事件,通过考试内容的改革,引导学生将自身的发展与社会的发展紧密联系。

单一学科背景人才与当下形势发展已不相匹配,培养具有复合多科型跨学科背景人才是目前社会经济发展、现代科学技术的需要,双学位人才培养的核心理念正是通过提升学生学习创新能力为目的,强化学生专业综合素质,以达到各学科门类之间知识的融合与贯通,扩充学生的专业视角与能力。高校学科发展必然伴随多学科交叉融合,多学科的融会贯通是其发展的产物。高校作为知识创新及人才培养的重要阵地,多学科交叉融合是其新兴学科的增长点、优势学科群的发展点、重大创新的突破点。为适应区域经济社会发展的需求及人才培养模式改革,目前多科型院校以区域经济发展为目标导向,将专业设置与人才培养紧密联系起来,把双学位教育作为学校的特色品牌去培育,力争为社会多培养更多跨学科、跨专业、复合型与创新型高素质人才。

第二节 人才培养特色凝练

地方高校在双学位制度的构建上同时面临着机遇与挑战。一方面,通过对地方高校双学位人才培养制度进行重新构建,进一步补充与丰富人才培养形式,提高高校人才培养质量,促进高校毕业生就业工作,是高校主动适应经济社会发展的需要,进一步整合优质教学资源的体现;同时有利于调整优化专业结构,缓解本科专业教育与社会发展之间的矛盾,缩短长线专业和短线专业之间的距离,促进专业的内部发展;深化人才培养模式改革,顺应了区域经济发展对复合型多科性创新人才的需要,培养具有较全知识结构和较强社会适应能力综合素质复合型人才。另一方面，通过对双学位人才培养制度的重新构建，实现不同类型需要学生对专业发展的需求，同时在不同学科与专业间实现交流与互动，为学校及现代经济社会提供富有竞争实力的多科型人才，促进学生知识结构与综合能力的互补与提升；同时有利于大学生提高自身综合素质和就业竞争力，突破自身思维方式，实现学生综合能力创新，扩展和发散固有的学习思维，突破单一学科固有的学习模式，体现多科复合的优势，满足学生个体自我发展的内在需要。①

作为一所以外语、旅游为特色的高水平特色大学，二外的招生制度呈现出诸多独特之处。根据学校最新版的招生政策，体现了诸多方面的细致的人文关怀，尽最大可能满足和保障学生在校学习的需求。学校《"十四五"教育事业发展规划》之中就明确提出，要"立足人才培养质量提升和学生自我成长动力激发，积极应对新技术发展和产业革命新趋势、疫情防控常态化新要求和国际关系新态势，推进人才培养模式创新，深化教、学评价改革，主动应变、改革求变"，要深化人才培养改革，深入推进"多语种复语、跨专业复合"特色人才培养改革，并"深化研究生高层次人才培养改革，推进高层次人才分类培养，创新培养模式，强化科教结合、学科交叉、开放协同，凸显研究生培养二外特色。建立学科专业评估与招生计划动态联动机制，优化学科专业结构，科学配置、动态调整"。

全面实施人才培养的八大工程，包括专业课程"金课"工程、"新文科"强基工程、"在线课程"提升工程、"教学质量标准"工程、"梧桐奖章""三风"引领工程、研究生教育质量提升工程以及思政课"守正创新"工程和"课程思政"示范工程。

当下学校突出课程质量标准和育人抓手，坚持"一流课程"标准，围绕教育部"双万计划"一流本科课程建设规划与北京市"优质本科课程"建设规划，稳步提升学校课程质量水平，全面打造线上、线下、线上线下混合、虚拟仿真和社会实践五类"金课"，专业核心课程全部达到"一流课程"建设标准，

---

① 林静：《地方高校双学位人才培养制度重构的问题与内容研究》，《赤峰学院学报（自然科学版）》2015年第12期，第226页。

形成专业课程"金课"体系，完备高水平特色人才培养的课程质量保障。教育部首轮"双万计划"结束，累计不少于5门课程入选"双万计划"国家级一流课程，实现线上线下混合、虚拟仿真国家级"金课"零突破。

学校顺应高等教育改革新趋势，融入新技术新思维，围绕"新文科"思路理念，推进学科专业交叉融合，着力构建复合型人才培养课程新体系；推动人文基础课程上台阶、哲学社会科学（思政）课程上水平，丰富自然科学通识课程，构建文理交融的通识课程体系，厚植人文社科与自然科学底蕴，强化国际化复合型人才的文理通识能力与人文气质，为实现四个"着力培养"目标扎实课程基础。通过引进或自主新开，5年内实现新增自然科学和技术类公共课20门、美育类公共课15门、体育类公共课10门、汉语言文学与新闻传播学类公共课10门、法学类公共课10门、国别与区域类公共课20门、经管类公共课10门、国际事务与国际关系类公共课5门、中外历史文化类公共课10门。

学校主动应对后疫情时期教学方式变革发展新趋势，解决"多语种复语、跨专业复合"教学资源不足，复合跨选和多学位修读资源短缺与时间冲突问题，以及以生为本的个性需求，构建"同标同质"的在线课程体系。加快在线课程建设，丰沛课程资源；搭建网络和移动学习端，实现录播在线课程随用随学，在线教学课程实现网络移动端同步直播；本着"建以致用"，全部在线课程纳入各专业课堂教学和学分认定范围。5年自主建设本科标准慕课（在线课程）不少于150门，推动50门二外特色慕课上线国家级平台；每年建设3~4门研究生网络在线课程，5年内实现不少于5门课程达到"国家精品在线开放课程"申报标准，不少于2门获得认定。

除此之外，学校还积极推动学生综合评价和教、学评价改革，推进教育测评模式改革，修订完善教学和学生评价制度，引导形成严谨认真、积极自主、奋发向上的新教风新学风。制订实施本科生、研究生《教学质量标准》，健全和完善课程标准、课堂教学质量标准、毕业论文质量标准，建强督学体系，加大督学力度，强化人才培养的全流程质量监控。研究制订《考试管理规定》，积极推进考试方式改革，强调过程考核与评价，形成能力与知识考核并重的多元化学业考核评价体系，以考辅教，以考促学。

固化和拓展学风建设品牌活动"梧桐奖章",创设教风建设"梧桐奖章",发挥师生榜样典型的示范引领作用,用身边事教育身边人。建设专兼结合"学业发展咨询师"队伍,为学生提供学习习惯、学习方法、学业发展等咨询服务;严格执行学业警示制度,建设学风监督大数据监测平台,注重过程管理与目标管理相结合,重在过程管理,重视课程考核、学分要求、出勤情况在学生管理中的警示作用;完善奖优评价杠杆,引导学生创先争优,将学生个人的学风表现纳入年度评奖评优、学生干部选用的考核指标之中。开好"三风"会,常态化推进教风、学风和考风建设,全面增强质量意识、营造校园质量新风。

学校以立德树人、服务需求、提高质量、追求卓越为主线,围绕建成规模结构更加优化、体制机制更加完善、培养质量显著提升、服务需求贡献卓著、国际影响力不断扩大的高水平研究生教育体系目标,全面开展研究生教育科教融合、产教融合和导师能力提升、生源质量提升、课程与教材质量提升、管理服务水平提升等行动计划,全面提高研究生教育质量水平。五年内,打造校内外研究生优质生源基地10个、校内外"产教融合"联合培养实习基地10个,搭建智库基地和重大项目牵引的"科教融合"交叉培养学术训练平台10个;打造研究生公共选修课教学平台,建立优质课程共享体系,每年建设3~5部高水平研究生教材、3~4门全英文课程;加大研究生培养国际合作交流的支持与投入力度,五年内使研究生出国(境)参加学术会议及研究生国内外联合培养比例达到15%以上;实施"研究生学术大讲堂"计划,每年举办50场高水平讲座;严格学位论文质量监控,严格执行100%毕业生学位论文重复率检测与匿名评审制度。并以"四金"建设要求为指引,以课程建设为核心和抓手,以相近学科交叉融合和协同创新为新生长点,强化问题导向,深化改革,积极推进融合发展,提高思政课教学水平,提升思想政治教育主渠道育人成效,切实发挥思政课在立德树人中的基础性、根本性作用,培根固本、守正创新。打造"金师"队伍,按照"政治要强、情怀要深、思维要新、视野要广、自律要严、人格要正"要求,选优、配齐、建强思政课教师;强化"金课"改革,深化思政课"课堂—网络—实践"一体化建设,推进课堂教学创新,加强在线课程资源建设,提升思政课教学质量;打造"金智"成果,聚焦习近平新时代中国特色社会主义思想的基本理论、世界意义、对外传播,强化特色研究,开展"新思想译者讲"讲坛等学术讲堂;提供"金基"保障,发挥马克思主义理论学科基础性、引领性作用,扎实新文科建设和国际化人才培养的哲学基础。

学校全面落实《关于推进"课程思政"建设的实施办法》,发挥教师"主力军"、课程"主战场"、课堂"主渠道"作用,强化专业课程育人功能,推动课程思政建设不断取得新进展、新成效,形成院院有精品、门门有思政、课课有特色、人人重育人局面。培育50门具有引领作用的校级示范课程(本科生40门,研究生10门),遴选17门具有二外元素的特色课程(一院一课),培养具有影响力的"课程思政"教学名师10人、优秀教学团队3个,建设40个课程思政示范基地,形成一系列可推广的教学成果。① 其中,为持续优化二外本科人才培养顶层设计,全面提高本科课程建设规划性、系统性,进一步提升"多语种复语,跨专业复合"本科人才培养质量,在《北京第二外国语学院2020版本科生培养方案》中,明确提出学校应当积极落实"新文科"理念,紧跟社会发展新形势、教育发展新趋势,培养复语复合型人才的最新体现。坚持《北京第二外国语学院2016版本科生培养方案》的基本理念、思路框架的同时,补足2016版培养方案短板,推动"内嵌式"人才培养模式创新,进一步凸显我校"多语种复语、跨专业复合"的人才培养特色,培养品学兼优、能力突出、社会需要的行业建设优秀人才。② 在新版本科生培养方案中,全校统一划定学分总量要求和学分结构分布,全校各专业统一为主修专业166学分(含第二课堂与素质拓展),双学位专业42学分,辅修专业26学分。各院系应根据自身学科专业特点和实际条件,科学论证所属学科专业人才培养目标,合理规划课程体系和课程内容,凸显专业优势与培养特色。

截至2020年,学校有本科专业45个、硕士学位授权二级学科点8个、专业硕士学位授权点6个、硕士学位授权一级学科5个、联合培养博士点2个、博士后科研工作站2个;有北京高校高精尖学科2个、北京市重点建设学科4个;国家级"双万计划"一流本科专业5个、北京市"双万计划"一流本科专

---

① 《北京第二外国语学院"十四五"教育事业发展规划》,第26-30页。
② 《北京第二外国语学院2020版本科生培养方案》第1页,见北京第二外国语学院本科招生网。

业2个，北京市重点建设一流专业2个；国家级特色专业4个、教育部专业综合改革试点专业1个。

学校不断深化教育教学改革，创新人才培养模式，形成了"学用结合，注重实践"的办学特色，外语专业强调"技能领先，注重实训"，非外语专业依托外语优势和多元文化环境，坚持"应用导向，强化实践"，走产学研一体化道路。同时注重"国际导向，专业复合"，国际学生视野开阔，创新精神和实践能力突出，综合素质高；就业竞争力强。

近年来，学校不断转变办学方向，革新管理体制，调整专业设置，新设教研机构，变革教学内容，加强行业培训。学校在旅游学界、业界影响力不断上升，逐渐成为全国旅游院校的排头兵，旅游特色逐步凸显。学校还充分发挥办学优势和特色，通过理论研究、政策咨询、教育培训、志愿服务等多种方式，提供优质的社会服务。

与此同时，北京第二外国语学院教务处则持续协同各教学单位，以"入主流，合标准，创特色，强竞争"为目标原则，进一步完善本套方案，优化专业课程建设，进而深化建构"多语种复语、跨专业复合"人才培养体系，培养具有更高水平的复语复合型人才。坚持立德树人，把社会主义核心价值观融入教育教学全过程；坚持把思想政治教育、法治教育、生命教育、卫生健康教育、艺术教育、自然科学教育、国家安全教育、劳动教育、人文素养教育等融入人才培养全过程；坚持全员育人、全过程育人、全方位育人，提高培养质量，实现我校人才培养目标。[1]切实体现跨专业复合培养特色，构建复合型人才培养体系。立足学校人才培养大局，突破院系、部门之间的壁垒，发挥各单位的积极性和主动性，大力推进专业课程向全校开放，通过进一步加强在线课程建设，扩大跨专业复合培养学生受益率和选课率，为学生搭建各种复合学习的可能性；根据学生发展需求，加强各专业的复合、专业基础与通识教育的复合、课堂教学与创新创业实践的复合、线上教学与线下教学的有机结合、第一课堂与第二课堂的有机衔接。[2]

---

[1]《北京第二外国语学院2020版本科生培养方案》第1页，见北京第二外国语学院本科招生网。
[2]《北京第二外国语学院2020版本科生培养方案》第1页，见北京第二外国语学院本科招生网。

外语类专业学生通过专业内置的第二外语课程、专业通开课程与翻译类课程的修读，体现复语特色。修满42学分并达到相关规定要求的，可以申请翻译专业辅修证书或双学位证书。其中，外语类专业学生都必须修读至少4学分的跨专业复合课程。同时，通过相关专业大类方向在线课程的修读体现复合特色。修满26学分可获得相关专业大类内方向的辅修证书，修满42学分则可以获得相关专业大类内方向的双学位。针对外语专业学生大规模出国的情况，除加大线上课程建设和引进外，对出国学生在境外留学期间修读的相关非本专业外的我校其他专业的课程，符合要求的可以进行辅（双）课程学分认定。

不仅如此，非外语类专业学生还可以通过专业与英语的修读体现复合特色。修满42学分并达到相关规定要求的，可以申请英语专业辅修证书或双学位证书。高中阶段所学外语为英语以外的非外语专业学生限定选修已学语种作为复合专业修读，完成42学分的基本要求。

第三节　复语复合理念实施

《2020年普通本科招生章程》显示，当年学校面向全国30个省（自治区、直辖市），在一本各批次招收全日制普通本科学生1580余名。北京市"外培计划""双培计划"在北京提前批次招生。英语、商务英语、翻译专业和北京市"外培计划"专业只招英语语种考生，其他专业不限语种。学校本科招生录取工作在教育部领导和各省（自治区、直辖市）招生委员会统一组织下进行，执行教育部规定的"学校负责，招办监督"的录取原则。所有专业录取均参考外语单科成绩。其中英语、商务英语、翻译、北京市"外培计划"专业要求英语笔试单科成绩达到良好，其他专业外语单科成绩一般需达到及格线。[①]

作为外语类院校，学校2022年本科招生章程中还对考生外语语种做出了要求。其中英语、商务英语、翻译专业只招英语语种考生，其他专业不限语

---

① 《北京第二外国语学院2020年普通本科招生章程》，见北京第二外国语学院本科招生网。

种。北京市"外培计划"专业须达到美国高校的英语语言入学标准，且后3年在美国高校进行培养，请非英语类考生慎重报考。学校非外语类专业的公共外语为英语，部分专业课教学采用中英双语教学或全英文授课，请非英语类考生慎重报考。如自愿报考并被录取，须按学校要求修习英语学分和有关专业课学分。①

学校在专业录取时不设专业志愿级差，采用分数优先原则录取。在实行平行志愿投档的批次，学校调阅考生档案的比例原则上不超过招生计划的105%，符合我校招生条件并且服从专业调剂的考生进档不退；在实行顺序志愿投档的批次，学校调阅考生档案的比例原则上不超过招生计划的120%。对有明确投档比例规定的省（自治区、直辖市），学校执行省（自治区、直辖市）有关规定。

所有专业录取均参考外语单科成绩。其中北京市"外培计划"专业要求英语单科成绩达到120分及以上，英语、商务英语、翻译专业要求英语单科成绩达到110分及以上，其他专业外语单科成绩需达到90分及以上。我校对所有省份考生均不做高考外语口试及听力单独要求。北京市双培计划金融学专业要求数学单科成绩达到110分及以上。在高考实考分数相同的情况下，依次优先录取有政策性加分的考生、高考相关科目分数高的考生。相关科目分数比较顺序为：依次参考外语、语文、数学成绩。②

当前二外所开设的专业，主要集中在文学、法学、经济学三个学科大类，既有英语、日语、旅游管理这样历史悠久的传统专业，也有外交学（2021年开设）这样的新成员。相比多学科综合类大学来说，存在优势与不足也更为明显。一方面校内学科之间跨度相对较小，为学生转专业降低了难度；另一方面学科跨度小，学生选择范围被缩小，因此无法满足所有学生转专业的需求和意愿。

北京第二外国语学院开设专业及其分属学院如表1所示。

---

① 《北京第二外国语学院2022年普通本科招生章程》，见北京第二外国语学院本科招生网。
② 《北京第二外国语学院2021年普通本科招生章程》，见北京第二外国语学院招生网。

表 1　北京第二外国语学院开设专业及其分属学院

涉及学院	专业	方向
英语学院	英语	人文交流
英语学院	英语	英语教育
英语学院	商务英语	—
日语学院	日语	中日人文交流
日语学院	日语	中日同声传译
日语学院	日语	中日动漫文创
亚洲学院	朝鲜语	—
亚洲学院	印地语	—
欧洲学院	俄语	—
欧洲学院	德语	—
欧洲学院	法语	—
欧洲学院	意大利语	—
欧洲学院	西班牙语	—
欧洲学院	葡萄牙语	—
欧洲学院	波兰语	—
欧洲学院	捷克语	—
欧洲学院	匈牙利语	—
欧洲学院	拉脱维亚语	—
欧洲学院	爱沙尼亚语	—
欧洲学院	塞尔维亚语	—
欧洲学院	立陶宛语	—
欧洲学院	罗马尼亚语	—
欧洲学院	阿尔巴尼亚语	—
欧洲学院	保加利亚语	—
欧洲学院	斯洛伐克语	—
欧洲学院	斯洛文尼亚语	—

续表

涉及学院	专业	方向
中东学院	阿拉伯语	—
	波斯语	—
	土耳其语	—
	希伯来语	—
高级翻译学院	翻译	—
旅游科学学院	旅游管理	文化旅游与遗产管理
		商业数据分析
		国际旅游投资与管理
	人文地理与城乡规划	旅游规划与开发方向
	酒店管理	健康产业管理——日语实验班
		数字化运营与管理方向
	会展经济与管理	国际会展与赛事管理方向
商学院	财务管理	AI财务方向
		资本量化分析方向
	市场营销	大数据应用方向
		"一带一路"营销管理方向
经济学院	国际经济与贸易	国际服务贸易方向
	贸易经济	国际文化贸易方向
	金融学	"一带一路"金融服务方向
政党外交学院	国际事务与国际关系	国际组织方向
	外交学	政党外交方向
文化与传播学院	汉语国际教育	英语复合方向
	汉语言文学	多语复合方向
	新闻学	融媒体国际新闻
汉语学院	汉语言	—

资料来源：《北京第二外国语学院2020版本科生培养方案》第1—431页。

英语专业是北京第二外国语学院历史最长、教学科研等综合实力领先的外语专业,是国家一流专业和北京市特色专业、品牌专业,也是北京市属市管院校中英语专业综合实力名列前茅的专业。本专业注重学生的人文教育以及复合型的知识体系与能力,注重创新能力与自主学习能力,学生既要有中国情怀还要兼具国际视野,德、智、体、美、劳全面发展,培养宽口径、厚基础、复合型、国际化的高层次外语人才。①另外,为突出"英语+商务+跨文化沟通"的应用型和复合型人才培养特色,2010 年,商务英语专业获得教育部批准设立。该专业注重培养学生获取知识、独立思考和解决问题的能力,注重提高学生的自身道德修养、人文素养、社会责任感,注重引导学生培养良好的思维习惯和研究、探索能力,将扎实的英语技能训练与专业的商务知识和能力紧密结合,同时以培养学生的跨文化商务沟通意识和能力为特色,并借助我校国际经济贸易、管理学科和金融学科等专业学科的优势,培养出适应社会需求、具有创新精神和国际视野的应用型、复合型商务英语专业人才。

外语和旅游作为二外优势特色学科,既是北京市高精尖学科,又是北京市重点学科。也基于文化和旅游深度融合发展的时代背景,面向不断融合、创新、变革的行业形势和政府需求,旅游管理专业以更加专业、综合、务实的风格开展本科教学及学科建设,突出强调知识的贯通运用,强调实际需求和问题导向,强调本土化和国际化的结合,充分发挥培养机构的政府和产业资源,为学生提供高质量的产学研联合培养机会和职业发展机会。力争将本专业建设成为国内文化旅游领域教学和研究重地,成为中国文旅行业首屈一指的高素质综合型创新型人才培养高地。②

日语专业是教育部第二批特色专业建设点、教育部专业综合改革试点专业、国家级"双万计划"一流本科专业、北京市特色专业建设点、北京市重点建设学科、北京市品牌专业。近年来在"新文科、新外语"发展趋势推动下,以服务国家"一带一路"倡议与首都"四个中心"建设的人才需求为目标,将专业的人才培养定位于培养具有国际视野、创新精神、跨文化跨领域沟通能力

---

① 《北京第二外国语学院 2020 版本科生培养方案》第 1-14 页,见北京第二外国语学院本科招生网。
② 《北京第二外国语学院 2020 版本科生培养方案》第 275 页。

的复合型新外语人才。学院在全面实施复合型外语人才的培养模式中，通过跨专业领域的国际化培养路径，从中日人文交流、中日同声传译、中日动漫文创三个专业方向，培养具有坚实的人文素养、外语能力、多学科领域知识的中日人文交流高层次应用、研究型人才。同时，为实现学校"多语种复语、跨专业复合"的人才培养定位、推动内嵌式人才培养模式的创新与实践，日语专业导入与翻译类、动漫类课程内嵌式复合的模式，通过修读专业内置的翻译类课程、第二外语、专业通开课程、动漫类课程，在达到相关规定要求的前提下可申请翻译专业辅修证书（修满26学分）或双学位证书（修满42学分）。详细情况见图1、图2。

近年来，经过不断优化调整，学校人才培养的学分结构也发生了较大变化。从外语类专业来说，原先155个课堂学分，4个跨学科必修学分，26个辅修专业学分，52个双学位学分；对于非外语类专业来说，总共155个课堂学分，52个双学位及辅修学分。本科生的培养工作分工明确，其中马克思主义学院、文化与传播学院、体育部及基础科学部负责通识必修课，而马克思主义学院还同党委学生工作部、校团委以及后勤与基建处，共同承担起第二课堂与素质拓展课程的内容。其中教务处还承担着跨专业复合课的任务。

学校高度重视教材建设，为进一步加强教材管理体系建设，切实落实立德树人根本任务，全面提高人才培养质量，根据教育部《普通高等学校教材管理办法》（教材〔2019〕3号）等文件精神，学校于2020年12月9日修订颁发了《北京第二外国语学院本科教材管理规定》。管理规定中明确"教材必须体现党和国家意志，全面贯彻党的教育方针，坚持社会主义办学方向，落实立德树人根本任务，弘扬社会主义核心价值观"以及"学校党委对我校教材工作负总责，领导各相关部门和机构开展教材相关工作"。学校设立了"本科教材建设指导委员会"，坚持"凡编必审，凡用必审"原则，审核过程中对教材体系、教材内容、来源渠道等方面严格把关，对选用教材的政治性、科学性、适用性进行研判。2020年，学校共出版教材25种（本校教师作为第一主编）。①

---

① 《北京第二外国语学院本科教学质量报告（2020—2021学年）》第17页，见北京第二外国语学院官方网站。

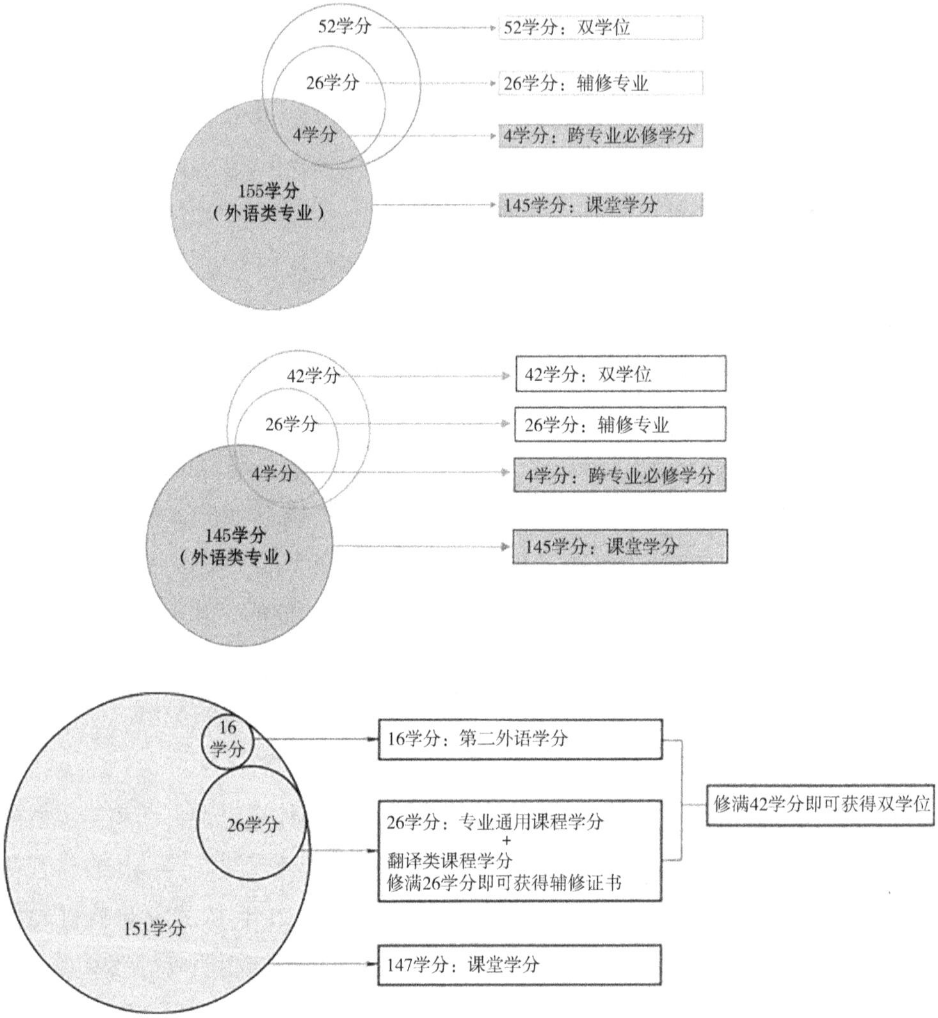

图1 2016—2022年北京第二外国语学院外语类专业第二学位复合型人才培养学分结构优化过程示意图

资料来源:《北京第二外国语学院2016版本科生培养计划》第7页;《北京第二外国语学院2016版本科生培养方案(2019年修订版)》第7页;《北京第二外国语学院2020版本科生培养计划》第5页。

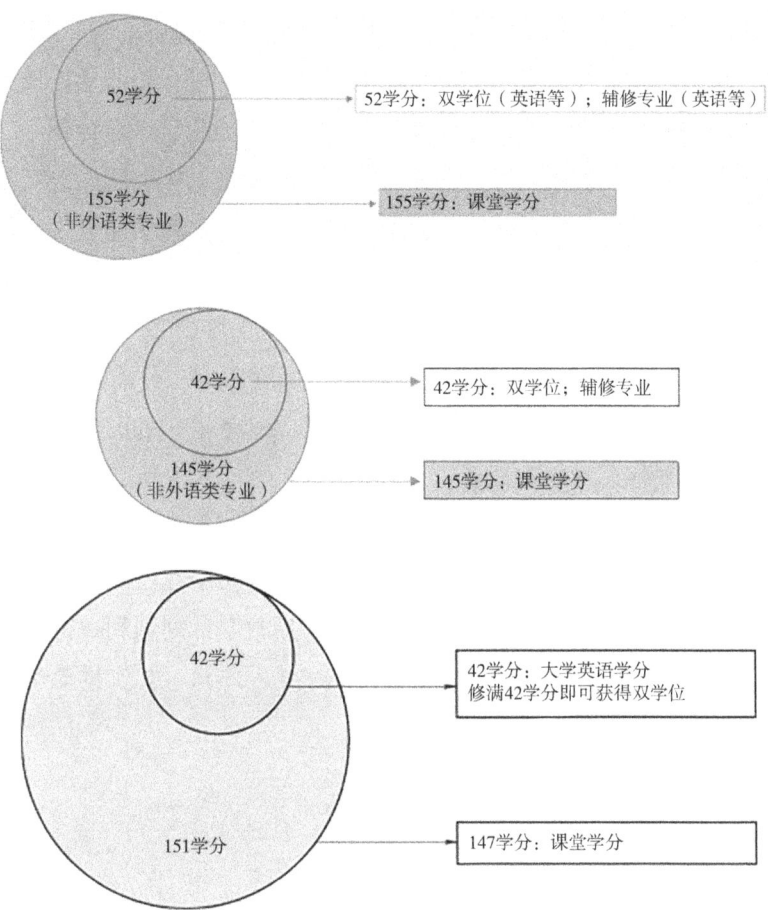

图 2　北京第二外国语学院非外语类专业第二学位复合型人才培养学分结构优化过程示意图

资料来源：《北京第二外国语学院 2016 版本科生培养计划》第 8 页；《北京第二外国语学院 2016 版本科生培养方案（2019 年修订版）》第 8 页；《北京第二外国语学院 2020 版本科生培养计划》第 6 页。

2022 年 2 月，教育部下发了《关于公布 2021 年度普通高等学校本科专业备案和审批结果的通知》（教高函〔2021〕14 号），我校申报增设的泰语、越南语、印度尼西亚语三个本科专业成功获批。至此，学校本科专业总数达 48 个，其中第一批、第二批国家级一流专业建设点 11 个，北京市级一流专业建设点 7 个。此次新专业申报是学校紧扣服务国家"一带一路"倡议和首都"四个中心"的需要，立足学校发展定位，不断优化专业结构的重要举措之一。为我校迎接"新文科、大外语"高等外语教育改革开拓了新局面，为培养能够满足我国与东盟国家经贸、文化交流与往来的高水平、复合型非通用语人才奠定了基础。新增本科专业的获批，使我校专业结构更加趋于科学合理，对于提升学校办学水平和社会服务能力具有深远意义。学校将以服务国家战略和首都发展需求为导向，进一步加强新专业建设；以本科专业类教学质量国家标准为依据，不断提升专业内涵，突出专业特色，保证人才培养质量，提升办学水平。①

为进一步贯彻落实教育部和北京市教委关于高校 2022 年春季学期开学工作要求，持续保障 2022 年春季学期各项本科教育教学工作有序运行，稳步推进"返校前线上、返校后线下"分阶段、多模态教学模式的顺利开展，持续提升复语复合型本科人才培养质量，学校召开 2022 年春季学期本科教育教学工作会。总体来讲，2022 年春季新学期，分阶段、多模态教学模式给本科教育教学工作带来挑战。全校各教学单位、教辅单位要在总结经验的基础上，全方位准备，深化落实立德树人根本任务，确保本学期教学计划顺利执行，教学工作顺畅落实，有效提升学校复语复合型特色人才培养质量，扎实推动学校本科教育高水平发展。②

---

① 《喜报！我校成功获批增设 3 个本科新专业》，见北京第二外国语学院教务处官方网站。
② 《我校召开 2022 年春季学期本科教育教学工作会》，见北京第二外国语学院教务处官方网站。

第三章 树立教风学风，构建专业认同

第一节 近年招生现状分析

大学专业教育是随着自然科学的发展和工业革命的发生所产生的现代概念及知识体系。在历史的长河中，专业教育经历了四个阶段，其发展受个人、国家和社会等因素的影响。随着科技的进步与社会的发展，存在多种弊端的传统专业教育已跟不上时代的脚步，为此多国开启了对于专业教育的变革。当今时代，人工智能将不断渗透到各专业领域，新的知识创新与组织将会出现，传统专业将不断被消解与形变，新知识的诞生机制及未来对于高素质、综合性人才的渴望需要专业教育摒弃自由教育与专业教育二元对立的观点，摒弃非此即彼的价值选择方式和思维方式。因此不少学者认为，未来的专业教育要以自由教育为基石，守住学术自由与人类幸福的边界，让人获得更好的生存，更有针对性地促进社会发展。①

在今天的高等教育招生体制下，学生通过高考有充足空间选择自己心仪的专业修读。在高校之中，受教育的主体是大学生群体。对于本专业的认识及认同感，很大程度上影响着学生本人的学习意愿，从而也会对高校日常教学的进度造成很大影响。而对于部分对自身专业不甚满意的同学来说，转专业制度或许是其重新选择所学专业，甚至是其开启人生新模式的一项重要保障。通过问卷调查，我们了解到当前学生对于专业的认同感尚有大量进步空间，不少同学在入学前，甚至对所学专业一无所知，也并未建立具体的学习与专业发展

---

① 张曙光、刘艳侠：《大学专业教育的历史嬗变及未来想象》，《大学教育科学》2020年第5期，第120页。

计划。

总体来说，对于当前大学生的专业认同现状，教育界形成了一些共识。专业总认同在不同年级情况下呈现显著差异，大一和大四学生专业认同总体得分显著高于大二和大三学生。不同年级的专业认同感在专业认识维度的差异达到极显著水平，大四学生专业认识程度极显著高于其他年级，女性群体优于男性群体，而在专业情感、专业匹配和专业行为倾向方面不同年级的差异并不显著。为自主选择专业的学生在专业认同感整体情况及各个维度均极其显著高于遵循父母和他人意愿以及调剂专业的学生。调剂专业的学生基于调剂的被动选择使其认同水平相对最低。且热门专业学生在专业认同总体均值及各个因子的得分均高于一般专业和冷门专业，这反映了热门专业学生对专业有更强的正向情感，并投入更多的努力去学好专业。①

北二外的专业细化招生改革开始试行，除原有专业设置外，今年在北京本科招生中将日语、财务管理、市场营销三个专业进行了专业细化招生，在录取分数上已经表现出一定效果；可以考虑结合社会形势及学校优势，继续扩大细分方向的招生专业规模。②

为进一步深化新时代本科教育教学改革，创新人才培养机制，打造本科教育新形态，实现学校本科教育内涵发展、特色发展，2020年3月，党委副书记、校长计金标主持召开校长专题会，研究本科人才培养质量提升、本科招生计划优化调整工作事宜。会上，教务处细致解读了学校贯彻落实《北京高等教育本科人才培养质量提升行动计划（2022—2024年）》的任务举措，强调从德智体美劳全面培养、课程思政建设、一流本科专业建设、人才培养模式优化、实践创新教育改革等方面入手，切实提升本科复语复合型人才培养质量；结合学校往年本科招录情况，经过大数据挖掘分析，形成2022年度本科招生计划优化调整方案，并做阐释汇报。计金标校长在会上指出，提升本科教育质量，一是要高站位，立足"十四五"教育发展新阶段、本科教育教学审核评估新形

---

① 罗小芳、胡丽媛：《大学生专业认同感影响因素分析》，《教育教学论坛》2016年第51期，第63页。
② 《北京第二外国语学院2019年本科招生录取工作报告》第26页，见北京第二外国语学院教务处官方网站。

势，吃透上级文件政策精神，准确把握高等教育发展方向；二是要强特色，凸显本科人才培养创新亮点，持续优化"多语种复语，跨专业复合"国际化培养的顶层设计，推动人才培养工作提质增效；三是要抓落地，科学分解、细化本科人才培养质量提升行动计划指标，形成有效抓手，推进质量提升任务举措顺利落地实施。①

高等院校的招生工作是一个动态工作。本科招生办在学校党委、主管校领导的领导下，严格依据招生政策，深入实施高校招生"阳光工程"。在录取前向社会公开招生章程，就取消外语口试等变化之处加大政策宣传力度；录取过程中第一时间将录取信息、录取进展通过本科招生网向社会公布；录取结束后尽快邮寄通知书，保持办公室电话畅通以解决考生和家长的查询需求。近三年北京第二外国语学院招生信息显示，2019—2021年这三个招生年份，北二外平均面向全国30个省（自治区、直辖市）招生近1600名。学校在京招生各专业在按照平均分由高到低排序时，最高分、最低分曲线上下波动较大，平均分相对平滑，说明学校各专业生源相对稳定，专业间层级相对固定。具体到个别专业，则活跃度差异较大，表现在平均分相近，高分差距大，专业生源成绩方差差异明显。一般来说这种情况说明专业活跃，在生源相对稳定的基础上还受到部分相对高分学生认可，对提高该专业整体生源质量和专业美誉度有帮助，生源位次较靠后的专业尤甚。

伴随高考综合改革省市继续增加，到2021年，二外在高考综改地区招生计划规模占比近八成。同样在2021年，学校外语类专业招生规模首次超过非外语类专业。②在京本科普通批招生专业中，17个专业（方向）第一志愿报考率高于均值。外语类专业（方向）13个，占比76%；非外语类专业（方向）4个，占比24%。其中西班牙语（人文交流）蝉联第一，法语两个方向、德语两个方向、日语三个方向、翻译（中英法、中英俄、中英西）三个方向、商务英语（国际文化贸易）均保持较高报考意愿。非外语类专业（方向）中，外交学

---

① 《学校专题研究本科人才培养、本科招生选拔工作》，见北京第二外国语学院教务处官方网站。
② 《北京第二外国语学院2021年本科招生录取工作报告》第28、35页，见北京第二外国语学院教务处官方网站。

（政党外交）、旅游管理（文化旅游与遗产管理）、新闻学（融媒体国际新闻）、财务管理（资本量化分析）也拥有较高的报考意愿。[①]

不过另一方面，同一专业不同方向排名的差异现象依然存在，如在2021年招生情况中，翻译（中英阿复语）第一志愿录取率排名31，而翻译（中英西复语）、翻译（中英法复语）、翻译（中英俄复语）三个方向分别排名第1、4、5；西班牙语专业的"人文交流"和"旅游休闲"两个方向，前者第一志愿录取率第20名，后者排名第35名。整体而言，学校外语类专业平均生源质量优于非外语类专业，生源质量较好的非外语类专业基本为双培、外培专业，排名较靠后的外语类专业多为非通用语，如爱沙尼亚语专业，但同为非通用语专业的塞尔维亚语排名却比较靠前，这与当年国家热点新闻事件等因素直接相关。[②]

2020年，学校面向全国30个省（自治区、直辖市）招收全日制普通本科学生1615人。学校总体生源质量较高。从各批次提档线高出各省一本控制线情况看，在30个生源省市中，25个省市的录取最低分超过当地一本控制线30分以上，总体生源质量呈现较高水平。在京生源质量保持稳定。2020年是北京高招改革的落地之年，同时面临疫情和生源减少的双重影响。在上述严峻背景下，我校在京生源总体质量依然保持稳定，专业志愿录取率创新高。2020年专业志愿录取率为92.23%。其中第1专业志愿录取率为60.1%，较2019年提高了14.9个百分点，第1专业志愿满足率创历年来最高水平。专业调剂志愿录取率为7.77%，比2019年降低了2.27个百分点。四省市高招改革平稳落地。2020年，北京、天津、山东、海南四地作为第二批试点省市实施高招改革。学校主动适应改革动向，认真研究招生政策，顺利对接完成了四省市的本科招生工作。四省市生源充足，其中海南投档线比一本控制线高71分，山东投档线比一本控制线高67分，天津投档线比一本控制线高50分，生源质量良好。[③]

[①] 《北京第二外国语学院2021年本科招生录取工作报告》第38页，见北京第二外国语学院教务处官方网站。

[②] 《北京第二外国语学院2020年本科招生录取工作报告》第27页，见北京第二外国语学院教务处官方网站。

[③] 《北京第二外国语学院本科教学质量报告（2019—2020学年）》第7-8页，见北京第二外国语学院官方网站。

学校坚持教授为本科生授课，将主讲过本科课程且教学效果良好作为教师晋升高级职称的必要条件，将承担本科教学任务作为教授年度考核的基本要求，鼓励教学名师、知名教授为一年级本科生上课。2019—2020学年高级职称教师承担的课程门数为539，占总课程门数的45.99%；课程门次数为1759，占开课总门次的45.69%；其中承担的本科专业核心课程300门，占所开设本科专业核心课程的比例为25.60%。承担本科教学的具有教授职称的教师有88人，以我校具有教授职称教师105人计，主讲本科课程的教授比例为83.81%。其中主讲本科专业核心课程的教授61人，占授课教授总人数比例的68.54%。此外，我校有国家级、省级教学名师8人，本学年主讲本科课程的国家级、省级教学名师8人，占比为100.00%。[①]

2020—2021学年，学校高级职称教师承担的课程门数为565，占总课程门数的46.77%；课程门次数为1761，占开课总门次的42.97%；其中承担的本科专业核心课程300门，占所开设本科专业核心课程的比例为25.60%。承担本科教学的具有教授职称的教师有103人，以我校具有教授职称教师116人计，主讲本科课程的教授比例为88.79%。其中主讲本科专业核心课程的教授79人，占授课教授总人数比例的75.96%。[②]

2019—2020学年，学校共开设本科生公共必修课、公共选修课、专业课共1172门，3850门次。2019年有4门课程入选北京市高校优质本科课程，2020年1门课程入选首批国家级线下一流本科课程。学校着力推进在线课程、课程思政及多模态课程建设。2020年在线课程建设作为我校"新基建"工程，新建立项175门，其中标准慕课95门、自行录制课程79门，虚拟仿真实验课程1门。建设范围覆盖一流专业核心课程、学生跨选较集中的专业辅双课程、以全英文或专门语讲授的中国文化等多类型的中国（国情）课程、"一带一路"沿线国家国情概要课程以及专题课程。此外，继续引进30门通识选修课、24

---

① 《北京第二外国语学院本科教学质量报告（2019—2020学年）》第10页，见北京第二外国语学院官方网站。

② 《北京第二外国语学院本科教学质量报告（2020—2021学年）》第13页，见北京第二外国语学院官方网站。

门跨专业复合非外语类课程和13门跨专业复合外语类在线课程，满足复合型人才培养需求。①

2019—2020学年，二外本科生开设实验的专业课程共计25门，学校从本科教学评估关于实践教学提出的问题及培养方案要求出发，重新梳理所有课程的内容与性质，实现80%专业选修课、40%专业必修课设有实践教学环节。鼓励教师指导学生进行实习实践、创新创业、大学生科研及学科竞赛活动。2019年，我校获批14个北京市高等学校高水平人才交叉培养"实培计划"的毕业设计（科研类）项目立项，评定为优秀项目3个。2019—2020学年，共有130项大学生创新创业训练项目立项。

北京第二外国语学院以培养契合国家战略和首都发展需求的跨文化交流人才为目标。为紧跟新时代国家教育教学改革趋势，进一步凝练我校人才培养成果特色，优化人才培养体制机制，深化"多语种复语，跨专业复合"人才培养模式创新，学校组织各教学单位积极开展了《2020版本科生培养方案》制订工作。本次方案制订立足"具有鲜明北京特色的高水平外国语大学"发展目标，围绕立德树人根本任务，紧扣国家人才培养发展脉搏，以《指导意见》为纲领，主要特点体现在以下三个方面：第一，落实"新文科"理念，优化设计"内嵌式"人才培养模式，补足2016版培养方案短板，以"内嵌+外生"和"外语+专业"进一步凸显我校"多语种复语、跨专业复合"的人才培养特色。第二，全面放开跨专业学习资格，学生结合专业要求、个人志趣和职业规划，自由选择语种、专业进行复语复合学习。学校以学生为本，将复语复合课程全部迁移至线上，保障学生不受时空限制自主修读，实现人才培养的特色发展。第三，加强"互联网+""智慧+"在线课程建设，推进专业和课程的国际化建设，紧扣时代新要求、经济社会发展新实践、科技革命新进展和全球融通新趋势，体现人才培养新思路。②

---

① 《北京第二外国语学院本科教学质量报告（2019—2020学年）》第12页，见北京第二外国语学院官方网站。

② 《北京第二外国语学院本科教学质量报告（2019—2020学年）》第13-14页，见北京第二外国语学院教务处官方网站。

学校致力构建广泛、多元、高效的质量保障体系。实行听课与巡视制度、督学督导制度、学生评教制度，引入教学质量平台、毕业论文管理及查重系统，强调质量监控的过程管理，抓好抓细日常监督，进一步保障学校教育教学改革、助力提高教育教学质量。一是监控主体广泛，包括学校督学工作委员会、校级督学、校级本科教学督导团、院系督导组、全体教职工、全体学生等；评价主体广泛，将在校生、毕业生、校外专家、院系领导、学生家长、用人单位等均纳入本专业的质量评价构成中。二是打造多元化质量保障体系。通过教学检查、专家听课、日常教学巡查等实现监控方式多元化；通过现代通信方式（雨课堂、微信群等）开展日常随机反馈、当面反馈、专题座谈反馈、书面简报反馈等实现教学反馈形式的多元化。本学年内督导共听课614学时，校领导听课160学时，中层领导干部听课797学时，本科生参与评教62 548人次。

在课程体系建设上，学校准确把握高等教育改革发展的新趋势，逐步优化专业结构，推进培养模式多元化，完善课程体系，努力打造精品课程、优质课程。根据学科专业特点和实际条件，合理规划课程体系和课程内容，凸显专业优势与培养特色。强化实践教学，建设复合型课程体系，对专业课程与学分设置进行合理规划，加强课程资源整合力度，推进教学理论与实践一体化教学。推进多模态教学，借助优秀网络课程等在线教育资源，实现线上线下混合教学，丰富和优化课程体系。本学年学校各专业平均开设课程30.82门，其中公共课5.80门，专业课25.07门；各专业平均总学时2823.51，其中理论教学与实验教学学时分别为2651.69、171.82。①

此外，二外还修订了《本科学分管理规定（2019版）》和《本科生转专业管理规定（2019版）》，对不同类型转专业和跨专业复合学习进行细化规定，为学生自主学习提供通道。2019—2020学年，转专业的学生60名，占全日制在校本科生数比例为0.92%。辅修的学生177名，占全日制在校本科生数比例

---

① 《北京第二外国语学院本科教学质量报告（2020—2021学年）》第20页，见北京第二外国语学院教务处官方网站。

为2.72%。获得双学位的学生499名，占毕业人数的31.52%。①

第二节 就读期间专业认同

对2020级本科生进行的问卷调查，为我们了解二外本科生培养现状提供了很多珍贵数据。数据显示，入学一个月后，2020级新生中认为对所学专业有较高程度了解（非常了解、比较了解）的占31%，专业认知教育还需增强。

关于新生的择校方式，问卷调查显示，由自己和父母共同决定的占47%，自己做主决定的占35%，自己与父母和老师共同决定的占13%。在选择二外就读的决定因素中，"有想学的专业"排名第一，排名第二、第三的分别是"地理位置""人才培养特色"。前三名决定因素占比合计49%。

亚洲学院新生对专业了解程度（自评）最高，一半的学生认为自己较为了解所学专业；旅游科学学院新生对专业了解程度（自评）最低，只有17%的新生认为自己较为了解所学专业。15%的新生有意申请转专业，该比例大于2020级新生录取调剂率（7.77%）。在修读第二专业意愿统计上，81%的新生有意修读第二专业，希望拓宽就业面是修读第二专业的主要原因，占比40%。2020级新生中有意将日语（人文交流）专业作为第二专业的人数最多，其次为新闻学（融媒体国际新闻）。②

2020版本科生培养计划中已经明确规定，要求"不同专业的专业通开课程学分互认，实现在跨专业复合学习中专业通开课在不同专业间的共享"，进一步探索与国际知名高校建立学分互认机制，要求各教学单位研究制订本单位出国留学学生成绩转换和学分认定实施方案。③

当前，在很多综合类高校中，"大类招生，分流培养"成为一种流行的招

---

① 《北京第二外国语学院本科教学质量报告（2019—2020学年）》第15-16页，见北京第二外国语学院官方网站。
② 《北京第二外国语学院2020级新生调查问卷统计报告》第5-12页，见北京第二外国语学院教务处官方网站。
③ 《北京第二外国语学院2020年版本科生培养方案》第3页。

生培养模式，主要指高校按照院系、学科等进行大类招生，让学生学习1~2年通识课程和大类平台课程，基本了解专业培养方向后，根据双向选择原则进行专业分流，培养出"宽口径、厚基础、强能力、高素质"的创新型人才。与其相比，二外小而精的规模决定本校采取富有特色的招生、培养政策。自2013年起，二外开始试行本科生转专业制度。在第一版《北京第二外国语学院本科生转专业实施办法（试行）（草案）》中，专门强调为贯彻"因材施教"的教学原则，发挥学生的个性和特长，尊重学生的志向和爱好，进一步调动学生的学习积极性、主动性，建立"国际化、高层次、复合型、应用性"的人才培养体系，实行总量控制、择优录取原则。当然，欲参加转专业的学生应符合以下条件：

1. 我校按照国家计划通过高考录取的普教本科专业一年级学生；

2. 熟悉拟申请转入专业的情况，本人能提出明确的专业学习志向和理由；

3. 原专业第一学期课程总评成绩平均分在80分以上、平均成绩排名在本专业年级前10%以内，且无任何不及格成绩记录；

4. 在校期间未受过任何纪律处分。

就具体申请程序而言，每学年第二学期的开学初，由教务处组织各院（系）根据本专业实际情况确定可接收外专业转入学生的人数和专业。每学年第二学期的期末完成全部转专业工作。凡需转专业的学生，应在规定时间内向所在院（系）提交本人书面申请、家长知情同意书并填写《北京第二外国语学院本科生转专业申请表》。各院（系）对本单位申请转专业学生进行初审，同意申请转专业的学生人数不得超过所在专业全年级总人数的5%。如符合条件的申请学生超过5%，应按照第一学期所有课程总评成绩的平均分从高到低选取，并按学校规定时间将本单位同意申请转专业的学生名单报教务处。

教务处审核汇总后将申请转入专业的学生名单通知转入专业所在院（系）。各院（系）根据申请转入名单安排笔试和面试，并通知申请转专业的学生考试范围以及时间地点安排。[①] 在此过程中，优先录取考试成绩优秀的学生（笔试、

[①] 《北京第二外国语学院本科生转专业实施办法（试行）（草案）》，见北京第二外国语学院教务处官方网站。

面试成绩总分之和由高到低录取）；考试成绩相同的，按照原专业第一学期所有课程总评成绩的平均分由高到低录取；原专业第二学期的期末考试不得有不及格课程，否则取消其转专业资格。

此外，非外语专业学生转入外语专业学习，以及外语专业之间转专业学习的学生，原则上须转入下一年级学习，即从一年级开始学习。转专业前已通过的相同公共课程和军训可以免修，保留原成绩，专业课成绩不再保留。外语专业学生转入非外语专业，以及非外语专业之间转专业学习的学生，经接收转专业单位同意并报教务处审核批准后，可随同二年级学生学习。

2019年，学校对于转专业制度进行改革，较之上一版，对诸多相关规定进行细化。如明确提出建立"国际化、创新性、高水平、应用型"的"多语种复语、跨专业复合"的人才培养体系。而在选拔条件中，原专业第一学期课程平均成绩在本专业年级排名前35%以内，且无任何不及格成绩记录的学生可申请转入新专业的同一年级（简称：Ⅰ类转专业）；未达到以上要求的学生可申请转入新专业的下一年级（简称：Ⅱ类转专业）。学校宏观控制转专业总体人数，转专业招收计划依据学生学业情况分为两档。其中，各学院提供的Ⅰ类转专业转入计划数不得低于当年招生人数的10%，鼓励学院放开转入计划数；Ⅱ类转专业转入计划数控制在当年招生人数的5%以内。①

教务处审核后将申请转专业的学生名单通知转入专业所在学院。对于Ⅰ类转专业，各转入专业的考核难度要达到本专业一学年结束学生应达到的学习程度；对于Ⅱ类转专业，各转入专业的考核难度及准入条件由各二级学院自行确定。通过Ⅰ类转专业考核的学生第三学期开学初办理转专业手续并试读两周，如不适应可申请回原专业学习。通过Ⅱ类转专业的学生学籍转入下一年级，不允许试读。

根据《北京第二外国语学院学分管理规定》，各二级学院应在第三学期第三周前做好转入学生已修学分认定、转换及课程修读的指导工作并将认定办法及课程修读要求报教务处备案。获准同级转专业的学生原专业一年级课程成绩

---

① 《北京第二外国语学院本科生转专业管理规定（修订版）》第2-3页，见北京第二外国语学院教务处官方网站。

予以保留，并纳入该生全部成绩的平均分及平均学分绩点的计算，在毕业暨学位审查时，视同该生已经获得转入专业一年级所有必修课程学分，选修课程学分数需达到该专业培养方案规定的毕业学分标准；获准转入新专业下一年级的学生，原专业一年级课程中已通过的相同通识课程和军事课程保留原成绩及学分，其他课程成绩及学分不再保留，但原专业必修课重修学分已达到16分的学生不能授予学士学位。此外，转入专业所属学院应加强指导，帮助转专业学生制订选课计划，以使学生尽快适应转入专业的学习进程。更为重要的是，这些要求同样适用于各学院内部不同专业之间互转，为学生提供更多重新选择理想专业的机会。

2022年学校本科生转专业工作中，外国语中学保送生只能申请转入外语类专业，语言类学院（英语学院、日语学院、亚洲学院、欧洲学院、中东学院、高级翻译学院）的学生只计算专业必修课成绩平均分并排名；非语言类学院（旅游科学学院、商学院、经济学院、政党外交学院、文化与传播学院）的学生只计算大学英语课程成绩平均分并排名。获准Ⅰ类转专业（同级）的学生原专业一年级课程成绩予以保留，并纳入该生全部成绩的平均分及平均学分绩点的计算。在毕业暨学位审核时，视同该生已经获得转入专业一年级所有必修课程学分，选修课程学分数需达到转入专业培养方案规定的毕业学分标准。从非外语专业转到外语专业的学生，大一学年已修读的非外语专业的专业课，可以认定为外语专业跨专业课程。

获准Ⅱ类转专业（降级）的学生，原专业一年级课程中已通过的相同通识必修课和第二课堂与素质拓展课免修，保留原成绩及学分。原专业其他已通过的课程成绩及学分不再保留，但按照《北京第二外国语学院学位授予工作办法》：一学年（包括第一学期和第二学期）累计必修课不及格学分已达到16学分的学生无学位授予资格。[①] 从2022年的情况来看，转出同学更多是来自部分非通用语种专业，这些专业或为学习难度较大者，或者属于社会所认识较冷门

---

① 《北京第二外国语学院关于开展2022年本科生转专业工作的通知》，见北京第二外国语学院教务处官方网站。

的专业。而转入方向更多集中于英语、日语、翻译等热门大众专业。①

2021年是我校全面实施转专业工作的第三年,覆盖范围扩大至全校所有本科专业。该年度转专业申请人数与上一年持平,录取率稳步升高。实施期间,全校各专业(方向)均公布了招收计划,且两类计划招收人数都有所增加。经过两年多的探索和实践,又进一步对转专业的管理流程以及转专业后的学业安排进行了规范,明确了规定中关于学位授予的相关条款,使可操作性和学生满意度均有所提高。本学年,转专业学生69名,占全日制在校本科生数比例为0.96%。辅修的学生136名,占全日制在校本科生数比例为1.89%。双学位学生428名,占全日制在校本科生数比例为5.95%。②

《北京第二外国语学院2021届毕业生就业质量报告》显示,北京第二外国语学院2021届毕业生共2173人,其中本科生1576人,研究生596人。截至2021年10月31日,2021届学生整体毕业去向落实率为93.35%,签约率为55.32%,深造率为23.84%。

在就业单位性质问题上,二外2021届毕业生中近五成学生选择在机关、事业单位、国有企业等体制内单位就业;在行业的选择上,二外学子呈现出多元化的特点,学子们主要集中在教育、信息服务业、金融业、公共服务业等领域,多位学子被500强企业接收。就学生而言,超八成二外学子对目前已落实工作表示满意,其中83.01%的本科生对自己的就业表示满意,80.14%的研究生对自己的就业表示满意。用人单位方面,各单位对二外毕业生总体满意度超过95%。

就业是民生之本,是发展之基,也是财富创造的源头活水。促进毕业生就业创业,既是民生,也是国计。2022年开学以来,北二外各学院积极贯彻落实学校的各项工作要求,准确掌握毕业生就业动态,千方百计降低疫情、招聘需求萎缩和国际局势不稳定等方面对毕业生求职、出国等带来的不利影响,促进毕业生尽早落实就业去向。

---

① 《关于公布2021级本科生转专业拟录取名单的通知》,见北京第二外国语学院教务处官方网站。
② 《北京第二外国语学院本科教学质量报告(2020—2021学年)》第24—25页,见北京第二外国语学院教务处官方网站。

而为做好2022届毕业生就业工作，北二外积极部署：制订并下发访企拓岗文件，校领导带头开拓就业市场；举办校园网络招聘会，扩大岗位有效供给；组织"简历加油站""一对一"就业咨询等指导活动，为毕业生就业保驾护航；联合"北森生涯专家库"专家成员特别开展"萤光行动"，为学子提供"心态管理、自我认知、职业探索、简历指导、面试技巧"等课程内容，帮助学生更好地认识就业；学校"翔宇"学生职业发展咨询室推出团体辅导、个体辅导……学校多措并举，助力2022届毕业生求职择业。[①]

[①] 《北京第二外国语学院2021届毕业生就业质量报告》，见北京第二外国语学院官方百度号。

第四章　鼓励学业自主，满足动态需求

第一节　转专业制度保障学业自主

习近平总书记在 2018 年 9 月 10 日全国教育大会上的讲话中指出，"要努力构建德智体美劳全面培养的教育体系，形成更高水平的人才培养体系。要把立德树人融入思想道德教育、文化知识教育、社会实践教育各环节，贯穿基础教育、职业教育、高等教育各领域，学科体系、教学体系、教材体系、管理体系要围绕这个目标来设计，教师要围绕这个目标来教，学生要围绕这个目标来学。凡是不利于实现这个目标的做法都要坚决改过来"。

教育是国之大计、党之大计。党的十八大以来，我们围绕培养什么人、怎样培养人、为谁培养人的根本问题，全面加强党对教育工作的领导，坚持立德树人，加强学校思想政治工作，推进教育改革，加快补齐教育短板，教育事业中国特色更加鲜明，教育现代化加速推进，教育方面人民群众获得感明显增强，我国教育的国际影响力加快提升，13 亿多中国人民的思想道德素质和科学文化素质全面提升。

在实践中，我们就教育改革发展提出一系列新理念新思想新观点，主要有以下几个方面，坚持党对教育事业的全面领导，坚持把立德树人作为根本任务，坚持优先发展教育事业，坚持社会主义办学方向，坚持扎根中国大地办教育，坚持以人民为中心发展教育，坚持深化教育改革创新，坚持把服务中华民族伟大复兴作为教育的重要使命，坚持把教师队伍建设作为基础工作。这是我们对我国教育事业规律性认识的深化，来之不易，要始终坚持并不断丰富发展。①

而在 2020 年 10 月，中共中央、国务院印发《深化新时代教育评价改革总体方案》，也明确提出"坚持以德为先、能力为重、全面发展，坚持面向人人、因材施教、知行合一，坚决改变用分数给学生贴标签的做法，创新德智体美劳过程性评价办法，完善综合素质评价体系"这样的要求，事实上也对今天高校的人才培养工作提出了更高要求。

转专业制度的实施及完善，不仅是给广大教育者提供机会，令其得以重新评价学生、评价学校的教育体系、评价现行的人才培养与选拔机制，从另一个角度来看，也是给学生群体一个重新选择专业、重新选择未来发展之路的机会，同时，在当前双减政策的背景下，也为高校转专业制度改革提供了更多的可行性。

不过在转专业制度实施的过程中，并非毫无难度和要求，而是设置了诸多限制条件。第一，学生应当重视新专业与本专业之间知识的衔接，而学生在申请转专业之前，也需要及时了解对方院系对于入学条件的要求。第二，学院和学校制订具体的转专业标准，逐渐形成并完善转专业制度。

2020 年，一场疫情，促使全国的教育系统迅速行动，开启了全国范围内的在线教学。在国家教育部门应对疫情"停课不停教、停课不停学"的号角吹响后，北京第二外国语学院迅速行动，将在线教学作为全校一盘棋统筹，并积极推出了一批代表"中国特色、世界水平"的高水平慕课，以高效行动实现了知识沟通世界，向师生传递了战"疫"信心。

近几年，教育部启动实施"六卓越一拔尖"计划 2.0 及一流课程建设"双万计划"，推进各类型课程建设、全面实现高等教育内涵式发展。作为教师教学的重要载体和高等院校培养人才的核心要素，课程建设至关重要。疫情催化教育求变，催生了新的教学实践，重构了教学环境与方式，加速了智慧教育体系化。

为全面保障《2020 版本科生培养方案》"多语种复语，跨专业复合"人才

---

① 《习近平出席全国教育大会并发表重要讲话》，见中华人民共和国中央人民政府官方网站，http://www.gov.cn/xinwen/2018-09/10/content_5320835.htm?tdsourcetag=s_pctim_aiomsg.

培养目标的落实，首先，在课程建设体系上，学校以"内嵌—外生"为切入点，以"外语＋专业"为培养路径，一方面在学生主修专业课程体系内，设置有一定学分数的跨专业复合必修课程；另一方面在学生主修专业外，建立了包括外语专业和非外语专业两大类的线上和线下课程的跨专业复合学习课程资源库，按照学期开课计划供学生自主选择修读。其次，在课程建设质量上，学校遵循整合课程资源、切实提高质量的原则，打破专业壁垒，集中优势资源，根据跨专业培养教学实际，合理规划课程内容和学分设置，凸显"外语＋专业"优势与复合培养特色。最后，在课程建设实施上，学校秉承"建以致用"原则，鼓励学生自主构建知识结构，平均每学年开设 800 余门跨专业复合线下或线上课程，以供全校四个年级学生进行跨专业复合学习。以 2020 届毕业生（2016 级本科生）为例，500 人获得双学位证书，177 人获得辅修证书，合计677 名，占本科毕业生的 43%。

就转专业学生学习安排，2022—2023 学年第一学期开学第一周，由转出专业所属学院教学秘书对本学院转出学生进行转专业复审，填报《北京第二外国语学院转专业学生复审及修读要求备案表》（见附件）中的复审部分后交教务处。

第二周，由转入专业所属学院教学秘书根据《北京第二外国语学院学分管理规定》和转入专业培养方案填报《北京第二外国语学院转专业学生复审及修读要求备案表》中的修读要求部分，对原专业成绩进行审核，对已修学分进行备案或认定，对学生进行课程修读指导并向学生明确转入新专业后具体修读方案。最终由转入专业所属学院将《北京第二外国语学院转专业学生复审及修读要求备案表》、特殊类情况的认定办法及课程修读要求报教务处审核备案。

总体来看，二外学生申请转专业依旧呈现出明显的特点，那就是更多从学习难度较高或较为冷门的专业，如从部分非通用语专业转入所谓相对热门的专业。

第二节 学习动态需求增长及应对

2018年，习近平总书记在北京大学师生座谈会上的讲话中提出高等教育必须坚持与新时代同向同行，在线教育资源建设正是高校教学改革的因时而变。一方面通过在线教育资源建设，推动教育理念创新，推动高校教学理念、教学技术和教学模式的变革，更好地顺应新一代数字原住民的学习兴趣和习惯，满足学生主动获取知识和自主规划学业的多元化、个性化学习需求；另一方面通过在线教育资源共享，扩大优质教育资源的覆盖面和学习群体的受益率，构建网络化、数字化、个性化、终身化的"人人皆学、处处能学、时时可学"教育体系。

围绕高校信息化建设，学校积极借助"互联网+""智慧+"教育模式，坚持"双向统筹"和"建以致用"原则，持续推进在线课程建设工作。促进自建课程和引入课程"双升级"，将信息技术与教育教学深度融合，打造高质量在线课程资源，在课程建设上取得丰硕成果。一是加强校内在线课程建设，围绕一流专业核心课程、跨专业复合学习课程以及中国国情课程和"一带一路"课程，形成搭配合理、融合得当、具有二外特色的在线课程群。二是加强优质在线课程引进，结合学校自建课程建设进度，学校先后从中国大学慕课、学堂在线、超星、智慧树和高校外语慕课联盟等国内优质在线教育平台遴选引进通识选修慕课、跨专业复合非外语类在线课程、跨专业复合外语类在线课程作为跨专业复合学习资源，与自建在线课程形成互补，满足大规模学生跨专业复合学习需求。三是加强在线课程管理制度建设，学校陆续制订出台了《北京第二外国语学院在线课程建设与应用实施方案》《北京第二外国语学院在线课程建设管理办法（试行）》《关于推进线上金课、线上线下混合金课建设的意见》《关于完善本科教学质量保障与监控体系的实施意见》等指导文件，通过建章立制，形成具体完备的在线课程建设、应用和激励机制，保障并促进教师建好在线课、用好在线课和学生学好在线课。

实践证明，在线教育为破解长期以来困扰我国教育发展的地区差异、资源紧缺等瓶颈问题提供了无限可能，为高等教育教学改革实践注入了持续动力，是推动教育方式变革的又一重要历史机遇。因此，在线教育既是战疫行动的应急之举，也是教育革命的当务之急，更是教育信息化发展的必然之势。特别是在疫情防控常态化要求下，线上线下相衔接、相融合已经成为教学运行新常态。同时，当前课程建设依然需要回应诸多挑战，新文科建设需要在课程设计中取得新突破，教学内容上需要教师向学生展现学科前沿知识，教学需要回应多层面的师生需求，信息技术的广泛运用正掀起颠覆性的课堂教学革命。在这种必然趋势下，高校教学运行管理必须"提高认识、看清趋势、抢抓机遇、适应变革"。

一是学校将继续坚持以课程建设为抓手，根据办学定位和人才培养目标，进一步加大本科课程建设力度，建立健全本科课程管理、评价和激励机制，引导鼓励教师积极参与课程理念创新、内容创新，着力打造更多具有"两性一度"（即高阶性、创新性、挑战度）的"金课"，全面提高课程建设水平和人才培养质量。二是学校将持续推进在线课程建设工作，紧抓"双万计划"一流本科课程建设这一国家教育战略发展机遇，将信息技术与教育教学深度融合，打造高质量在线课程，把在线教育资源开发、利用和成果认定工作机制化、制度化，更好地服务于人才培养实际。三是将通过立项，扶持、推进混合式课程建设，为学生提供"智慧+"学习体验。通过教学改革促进学习革命，积极利用学校已建成的在线课程资源或国内外相关优质课程资源建设线上线下混合课程，实现以教为主向以学为主转变、以课堂教学为主向课堂教学与课外教学相结合转变、以结果评价为主向结果评价与过程评价相结合转变，努力打造具有二外特色、培育国际化人才的一流课程。①

---

① 《【BISU面对面】教务处长曲鑫：在线课程建设在改革、融合、创新中发展》，见北京第二外国语学院教务处官方网站。

第五章　落实立德树人，服务国家战略

第一节　新文科带来新机遇

"新文科"的教育理念是对培养方案进行全面修订，对其29个专业进行重组，即把新技术融入哲学、文学、语言等诸如此类的课程中，为学生提供综合性的跨学科学习。在我国，新文科建设在2018年10月也初现端倪。教育部决定实施"六卓越一拔尖"计划2.0，其中的基础学科拔尖学生培养计划，在原先数学、物理学等基础上，首次增加了心理学、哲学、中国语言文学、历史学等人文学科。

2020年11月3日，中华人民共和国教育部正式发布《新文科建设宣言》，强调文科在民族伟大复兴中的重大意义，突出了文科创新的价值，提倡各种跨学科研究，并鼓励文理融合，全国新文科教育研究中心同时成立。之后，教育部要求各高等院校在实施一流本科专业建设的过程中，"持续深化教育教学改革，教育理念先进，教学内容更新及时，方法手段不断创新，以新理念、新形态、新方法引领带动新工科、新医科、新农科、新文科建设"。

2021年11月10日，教育部发布《关于公布首批新文科研究与改革实践项目的通知》，公布首批1011个新文科项目，围绕新文科建设发展理念、建设改革与发展、建设政策与支撑体系、新时代文科专业结构优化及新兴文科专业探索等问题展开。新文科的建设，绝不仅仅是"传统文科+新技术"那么简单。具体来看，新文科建设要求我们明确总体的目标，强化价值的引领，促进相关专业的优化，并在此基础上夯实课程的体系，推动模式的创新，最终打造高质量文化。

推动文科教育创新发展，构建以育人、育才为中心的哲学社会科学发展新格局，建立健全学生、学术、学科一体的综合发展体系，推动形成哲学社会科学中国学派，创造光耀时代、光耀世界的中华文化，不断增强自信心、自豪感、自主性，提升影响力、感召力、塑造力。牢牢把握文科教育的价值导向性，坚持立德树人，全面推进高校课程思政建设，推动习近平新时代中国特色社会主义思想进教材、进课堂、进头脑，提高学生思想觉悟、道德水准、文明素养，培养担当民族复兴大任的新时代文科人才。并时刻紧扣国家软实力建设和文化繁荣发展新需求，紧跟新一轮科技革命和产业变革新趋势，积极推动人工智能、大数据等现代信息技术与文科专业深入融合，积极发展文科类新兴专业，推动原有文科专业改造升级，实现文科与理工农医的深度交叉融合，打造文科"金专"，不断优化文科专业结构，引领带动文科专业建设整体水平提升。紧紧抓住课程这一最基础最关键的要素，持续推动教育教学内容更新，将中国特色社会主义建设的最新理论成果和实践经验引入课堂、写入教材，转化为优质教学资源。鼓励支持高校开设跨学科跨专业新兴交叉课程、实践教学课程，培养学生的跨领域知识融通能力和实践能力。以培养未来社会科学家为目标，建设一批文科基础学科拔尖人才培养高地。聚焦应用型文科人才培养，开展法学、新闻、经济、艺术等系列大讲堂，促进学界业界优势互补。聚焦国家新一轮对外开放战略和"一带一路"建设，加大涉外人才培养，加强高校与实务部门、国内与国外"双协同"，完善全链条育人机制。

坚持学生中心、坚持产出导向、坚持持续改进，构建中国特色的文科教育质量保障体系，建设文科特色质量文化。建立健全以大数据为基础的文科教育质量常态监测体系，实施文科专业认证，强化高校质量保障主体意识，促进文科人才培养能力持续提升。

新文科建设宣言中"中国高等文科教育为弘扬中国精神、凝聚中国力量、践行中国道路，为托起国家富强、民族复兴、人民幸福的中国梦而坚定前行！"正是为今后的高等教育，喊出了时代的最强音。①

---

① 《新文科建设工作会在山东大学召开》，见中华人民共和国教育部官方网站（http://www.moe.gov.cn/jyb_xwfb/gzdt_gzdt/s5987/202011/t20201103_498067.html）。

高等院校以培养人才和选拔人才为自己的主要使命。对于二外这样的语言特色类院校而言，人才培养目标显得更为明确，兼具服务国家对外工作、服务北京首都建设功能。在具体工作方向上，需要学校及师生各方做好以下几个方面：

对于学生来讲，应当尊重个体兴趣，做好职业规划。内因决定个体专业认同感的发展变化。个人层面诸多影响因素和专业认同感发生作用，而且这种作用只有个人层面才能产生。必须养成专业素养，这样才可能投入今后的专业实践活动，丰富自己的主观认识，提升专业认同感。进入专业学习之后，接触相关学术实践活动要结合自己的经验水平及性格特征，不要盲从，最终挑选出适合自己的实践活动。

学生应当正视学习困境，积极寻求帮助。专业知识的深奥及技术能力的不足导致自我效能感变低，自己解决不了，还不肯向周围寻求帮助，最后不仅专业困境没法度过，还会丧失今后继续前行的信心，始终觉得自己无论采取何种方法都学不会，这样就使得专业认同感不能持续发展。因此学生在学习过程中出现自己难以解决的问题时要积极向教职人员请教；遇到专业困境时，难免会产生不良情绪，需学会同父母或者他人倾诉，只有这样，负面情绪才会消除，不会阻碍专业认同感的持续发展。

从学校来讲，应当重视学院基础设施建设，加强学院文化建设。只有表现出自己的特色文化，才能提高本专业在全校乃至全国的竞争力，使师范生情感体验得到丰富，生成专业自豪感，形成对本专业的肯定和支持。

学校应完善专业课程体系，加强师资队伍建设。将课程理论与实践并重，运用模块化设计，分方向设置系列选修课，注意培养"厚基础、强能力"的高素质创新型幼教人才。同时，优质教师队伍能够为师范生专业发展提供支撑，促进其专业认同感发展。加大对院系师资队伍投入，增强师资力量，可以增强院系专业的综合实力，从而提升学生的专业认同感。正如很多世界一流大学所表态的，满足学生专业学习的个性化、多样化需求。

第二节 高校发展应以服务国家战略为根本目标

近年党和国家领导人的重要讲话以及国家相关政策为高校的发展方向提出了指引。2022年4月，习近平总书记在中国人民大学考察时，围绕加快构建中国特色哲学社会科学提出了一系列新论断，为新时代哲学社会科学繁荣发展提供了重要遵循。深刻理解、准确把握这些新论断，对开创新时代中国特色哲学社会科学事业新局面具有十分重大的理论意义和现实价值。

习总书记一系列的重要讲话进一步提出了加快构建中国特色哲学社会科学的时代要求。哲学社会科学关系到一个国家和民族的思想创造、文化繁荣和文明进步。习近平总书记在中国人民大学考察时强调要不断推进马克思主义中国化时代化，强调使中国特色哲学社会科学真正屹立于世界学术之林。

一是以问题意识为导向，深刻回答时代的重大课题。加快构建中国特色哲学社会科学，要紧密贴合回答好"世界怎么了""人类向何处去"的时代之题的迫切需要。当前，坚持和发展中国特色社会主义理论和实践提出了大量亟待解决的新问题，世界百年未有之大变局加速演进，世界进入新的动荡变革期，迫切需要深入研究并提出有针对性的应对之策。加快构建中国特色哲学社会科学，必须在变局新局中增强识变之智、应变之方、求变之勇，把基础理论研究和应用对策研究紧密结合起来，勇于在研究解决涉及人类社会的根本性、长远性问题上贡献更多中国方案、中国智慧和中国力量，为加强和完善全球治理、解决人类共同面临的问题和危机做出更多中国贡献。

二是以独立自主为方针，建构中国自主的知识体系。习近平总书记创造性地提出，加快构建中国特色哲学社会科学，归根结底是建构中国自主的知识体系。这是在加快构建中国特色哲学社会科学学科体系、学术体系和话语体系有关论述基础上的进一步深化，是哲学社会科学发展理念的又一次重大突破。当前，加快构建中国特色哲学社会科学依然面临原创性不足、影响力不够、指导性不强等问题，知识文化"软实力"与中国社会经济发展的"硬实力"存在一定差距，知识生产和理论创新的原创性、引领性仍有不足，战略性、关键性的科研成果尚不充分，先见性、长远性的重大攻关还有待拓展。必须把握原创自主的核心追求，着力推动中国自主的知识体系建构，建构起以中国自主的知识体系为核心的中国特色哲学社会科学学科体系、学术体系和话语体系。

三是以面向世界为姿态，着力提升国家文化软实力。习近平总书记强调，要发挥哲学社会科学在融通中外文化、增进文明交流中的独特作用。只有坚持古为今用、洋为中用，坚持不忘本来、吸收外来，充分吸收人类文明的一切优秀成果，才能聚合起中国特色哲学社会科学发展的磅礴之力。要站在推进人类文明发展和增进世界文明多样性的高度，用包容欣赏的态度看待彼此的差异，主动打破文明交往的壁垒，坚持通过多渠道、多形式、多层次开展文明交流对话活动，传播中国声音、中国思想，提升中国国际话语权，展现新时代中国可信、可爱、可敬的形象，让世界更好地认识发展中的中国、开放中的中国、为人类文明做贡献的中国。习近平总书记进一步肯定了高校在推进哲学社会科学事业发展中的重要作用。总书记还指出，高校是我国哲学社会科学"五路大军"中的重要力量。这高度评价了高校在推进哲学社会科学事业发展中的重要作用。

为党育人、为国育才是高校始终坚守的初心使命。哲学社会科学作为一种科学的知识体系和一种具有意识形态属性的价值体系，既要解决是什么、为什么的科学问题，也要解决为谁主张、为谁服务的价值追问。习近平总书记强调，要坚持党的领导，坚持马克思主义指导地位，坚持为党和人民事业服务，落实立德树人根本任务，传承红色基因，扎根中国大地办大学，走出一条建设中国特色、世界一流大学的新路。我们要深刻认识高等教育的政治属性，始终坚持听党话、跟党走，坚持将马克思主义的科学性、革命性与大学建设发展的实践性、规律性相结合，将高等教育普遍规律与中国教育发展实际相结合，将中国特色与世界一流相结合，涵养高校哲学社会科学的红色底蕴。

高校是立德树人的教育阵地，也是推动哲学社会科学发展创新的学术阵地，是加快构建中国特色哲学社会科学的主力军。习近平总书记对高校在哲学社会科学发展体系中重要作用的肯定及要求，激励高校自觉增强紧迫意识，坚持扎根中国大地,瞄准国家重大需求和世界学术前沿,深化马克思主义理论和党的理论创新成果研究、重大基础理论研究和重大实际问题研究,努力解决世界之变、时代之变、历史之变所带来的新课题,孵化出更多能够转化为政策实践的哲学社会科学成果,为中国特色哲学社会科学学科体系、学术体系、话语体系、知识体系的建设与创新贡献力量。

高校哲学社会科学工作者第一身份是教育工作者,第一职责是教书育人。习近平总书记鼓励教师,努力做精于"传道授业解惑"的"经师"和"人师"的统一者。对高校哲学社会科学工作者来讲,立足立德树人、教书育人的主责主业,一方面要精通专业知识,做好"经师",自觉以回答中国之问、世界之问、人民之问、时代之问为学术己任,以彰显中国之路、中国之治、中国之理为思想追求,用真本事在研究解决事关党和国家全局性、根本性、关键性的重大问题上取得好成果,以学术造诣开启学生智慧;另一方面,要涵养德行,成为"人师",树立起言为士则、行为世范的自觉,以人格魅力呵护学生心灵,以模范行为影响和带动学生,努力做学生为学、为事、为人的示范,做对国家、对民族、对人民有贡献的"大先生"。

在近年来党和国家领导人的重要讲话中,进一步明确了思政课发挥好哲学社会科学育人功能的努力方向。习近平总书记强调,思想政治理论课能否在立德树人中发挥应有作用,关键看重视不重视、适应不适应、做得好不好。这对办好思政课这门立德树人的关键课程提出了新的要求,也为推动思政课发挥好哲学社会科学育人功能明确了努力方向。

哲学社会科学以科学性、学术性为主要特征,但同时又具有意识形态性和政治性的特点。发挥好哲学社会科学立德树人的育人功能,要以思政课为渠道支撑,既要啃下思政课程这个硬骨头,又要打好课程思政这场攻坚战,让哲学社会科学课程与思想政治理论课同向同行,形成协同效应,帮助学生形成正确的世界观、人生观、价值观,提高道德修养和精神境界,养成科学思维习惯,促进身心和人格健康发展,整体提升高校立德树人的能力和水平。①

---

① 何虎生、曲政:《加快构建中国特色哲学社会科学》,《中国教育报》2022年05月26日,第5版。

无独有偶，国家最新出台的一些政策，围绕贯彻落实党中央提出的加快构建中国特色哲学社会科学的战略任务，对"十四五"时期哲学社会科学发展做出了总体性规划。2022年4月，中共中央办公厅印发《国家"十四五"时期哲学社会科学发展规划》，围绕贯彻落实党中央提出的加快构建中国特色哲学社会科学的战略任务，对"十四五"时期哲学社会科学发展做出总体性规划。《规划》要求，哲学社会科学工作要坚持以习近平新时代中国特色社会主义思想为指导，增强"四个意识"、坚定"四个自信"、做到"两个维护"，坚持立足中国、借鉴国外，挖掘历史、把握当代，关怀人类、面向未来，以加快构建中国特色哲学社会科学为主题，以提升学术原创能力为主线，以加强学科体系、学术体系、话语体系建设为支撑，以重大项目、重点工程、重要平台为牵引，以体制机制改革创新为动力，努力建设学科布局优、学术根基牢、科研水平高、服务能力强、国际影响大的中国特色哲学社会科学，为全面建设社会主义现代化国家提供有力思想和智力支持。

《规划》明确，哲学社会科学工作必须坚持党的全面领导，把党的领导落实到工作的方方面面；坚持"二为"方向、"双百"方针，树立以人民为中心的研究导向；坚持内涵式发展，增强哲学社会科学持续发展能力；坚持守正创新，增强哲学社会科学的主体性、原创性；坚持统筹协调，形成统一领导、分工合作、科学高效的哲学社会科学工作格局。

《规划》强调，要切实发挥马克思主义对哲学社会科学的引领作用，深入实施马克思主义理论研究和建设工程，深化拓展习近平新时代中国特色社会主义思想研究阐释，形成党的创新理论学术支撑体系。要坚持把马克思主义基本原理同中国具体实际相结合、同中华优秀传统文化相结合，继续推进马克思主义中国化时代化，发展当代中国马克思主义、21世纪马克思主义。

《规划》指出，要加快中国特色哲学社会科学学科体系、学术体系、话语体系建设。按照突出优势、拓展领域、补齐短板、完善体系的要求，促进基础学科健全扎实、重点学科优势突出、新兴学科和交叉学科创新发展、冷门学科代有传承，打造具有中国特色和普遍意义的学科体系；创新学术理论体系、学术研究组织体系、学术平台支撑体系、学术评价考核体系，增强我国哲学社会科学的主体性、原创性、本土化和竞争力；坚持以中国传统、中国实践、中国问题作为学术话语建构的出发点和落脚点，提炼出具有中国特色、世界影响的标识性学术概念，加快中国学术走出去步伐，深化人文交流，在博采众长中形成中国学术的大视野、大格局。

《规划》提出，要加强中国特色新型智库建设，着力打造一批具有重要决策影响力、社会影响力、国际影响力的新型智库，为推动科学民主依法决策、推进国家治理体系和治理能力现代化、推动经济社会高质量发展、提升国家软实力提供支撑。

此外，《规划》还提出，要加强新时代哲学社会科学人才队伍建设，坚持党管人才原则，实施以育人育才为中心的哲学社会科学整体发展战略，建设种类齐全、梯队衔接、结构合理、专业突出的哲学社会科学人才体系。①

由于高校往往以综合成绩来评判学生，鼓励学生全方面地发展，因此构建一套科学的课程成绩评价标准尤为重要。这就尤为需要学校做到客观科学评价，激励学生发展。事实上，课程成绩评价标准不仅要符合高校教学规律和有利于学生身心发展，而且还要符合大类招生模式的改革发展趋势。高校应遵循可行性、全面性和发展性原则构建课程成绩评价指标体系，在评价中激发学生的学习兴趣，从学业成绩的角度来提升学生归属感，坚持以学生为中心的宗旨。

2021年10月召开的北京第二外国语学院"三风"大会以深化新时代教育评价改革，开拓"三风"育人新局为主题，设立主论坛和教风、学风、考风三个分论坛。全体参会人员聚焦教风学风考风建设，开展学习讨论和总结展望，通过领导讲话、主旨报告、主题发言、经验分享、探讨交流等多元形式，共同谋划学校教育评价改革，落实"三风"建设真招实举。

一是本次会议是我校历史上第一次教风学风考风建设大会，也是首都高校第一次在学校层面统筹召开教风学风考风会议，必将对我校教育评价和人才培养改革产生积极影响。二是教风学风考风是为学的态度，做人的风骨，更是一所大学的气质和灵魂，展现的是一所大学的办学风气，更是一校之精神品格、

---

① 《中共中央办公厅印发〈国家"十四五"时期哲学社会科学发展规划〉》，见中华人民共和国中央人民政府官方网站（http://www.gov.cn/xinwen/2022-04/27/content_5687532.htm）。

办学导向和文化底蕴。三是加强教风学风考风建设，全方位谋划学校教育评价改革举措，是全面提升学校人才培养质量的应有之义，更是推进学校内涵式发展和建设高水平特色大学的必要之举。

下一阶段，各单位将深入学习、宣传和贯彻会议精神，把新时期学校"三风"建设的意义、任务和要求传达到每一名师生，围绕自身"三风"建设实际开展专题研讨，切实将学校"三风"建设要求落细落实到教育教学全过程、各环节，共同画好学校"三风"建设的"自画像"，谱好学校教育评价改革的"协奏曲"，形成教育评价改革的二外经验、二外模式。

"十四五"时期是学校全面建设高水平特色大学的关键时期，是全面落实八次党代会任务目标的决胜阶段。国家新时期发展战略和北京市首都城市发展战略定位，深化新时代教育评价改革总体方案和北京市关于市属高校分类办学的相关政策，为学校未来人才培养工作提供了明确的方向和定位。

完成教育评价综合改革，以推动学生综合评价和教、学评价改革，形成科学合理的教育评价体系为工作目标。深化人才培养改革以深化推进"多语种复语、跨专业复合"的本科特色人才培养改革，优化学科专业结构为工作目标，结合教育部"新文科"建设思路，立足服务北京国际交往中心建设、服务中外人文交流，在实施2020版本科生培养方案的基础上，进一步探索人才培养模式的深化改革，制订并出台《北京第二外国语学院2024版本科生培养方案》，形成专业评估与人才选拔联动机制。十四五期间，逐步完成各专业的校内评估，将专业评估结果作为招生计划动态调整的重要参考指标，将招生与学校对各专业建设的总体要求和各专业招生方向的细化要求结合起来，激发专业建设的积极性与活力。

思政课"守正创新"工程以进一步提高思政课教学水平，提升思想政治教育主渠道育人成效，切实发挥思政课在立德树人中的基础性、根本性作用，培根固本、守正创新为主要目标，并以"课程思政"示范工程强化专业课程育人功能。①

---

① 《北京第二外国语学院本科人才培养（本科教育）五年行动方案（2021—2025年）》第2-5页，见北京第二外国语学院教务处官方网站。

结　语

归根究底,高等教育以帮助大学生就业为目的,而在当前高等教育改革、新冠肺炎疫情防控、新文科建设的大背景下,转专业制度为学生提供了反思学业兴趣及潜力的机会,也为高校及学院提供了调整教育教学模式制度的时机。多模态的教学方式会影响学生对于自身专业的判断,从而影响转专业制度的实行。为此,二外开设了创新创业学院,设立创新创业奖学金1.66万元。拥有创新创业教育专职教师1人,就业指导专职教师3人,创新创业教育兼职导师48人。设立创新创业教育实践基地（平台）1个,其中创业示范基地1个。本学年学校共立项建设国家级大学生创新创业训练项目16个（其中创新13个,创业3个),省部级大学生创新创业训练项目30个（其中创新24个,创业6个)。①

近年学校在教育教学中取得了很大进步,不过细究其内容,还存在很大改进空间。《2020—2021学年本科生就业质量报告》中就提出存在的问题及改进计划：

第一,提升人才培养质量,"三风"建设常抓不懈。学校高度重视教风、学风、考风建设,本学年组织召开了"深化新时代教育评价改革暨教风、学风、考风建设大会",对现行尚不完善的教学管理规章制度进行修订；广泛宣传和重点强调落实规章制度,提高师生认识；加强检查力度,严肃考风考纪。

第二,强化风险防控意识,改革专项工作求稳务实。学校稳步推进北京市外培计划、双培计划、贯培计划等教学改革专项工作,在具体人才培养过程中不断梳理并解决风险点和薄弱点,做好风险防控工作；进一步完善校内、校

---

① 《北京第二外国语学院本科教学质量报告（2020—2021学年）》第18页,见北京第二外国语学院官方网站。

际、国际相关单位沟通协调机制，建立常态化协调机制；完善提升教育和管理工作，完善专业培养方案及教学管理方案；加强参与改革培养学生的关注和引导，明确思政类课程培养要求和方式，建立海外课堂预警机制等。

第三，推进课程资源建设，多模态课程体系丰富完善。在深化新时代教育评价改革背景下，与时俱进，坚持做好不断补充和完善教学资源工作，推进在线课程、线上线下混合课程建设；推进课程思政建设，鼓励教师申报课程思政项目，在现有课程思政示范课的基础上推进"全课程思政化"。同时，建设有效的课程建设管理机制，通过加大课程建设相关经费投入，充分利用学校对教师教学的激励和约束机制等方式，积极调动更多教师投入高质量课程建设。同时，进一步完善评估机制，认真研究和分析课程建设的基本情况、应用情况和达标情况等。

第四，加强教学信息化建设，网络教学环境不断优化。加强教学辅助和网络信息技术工作对教学工作的支撑，探索构建有效的网络教学支撑环境。通过建立和完善在线教学一体化平台、同步课堂、网络教学设施以及网络教学终端设备等，助力教学资源实现多渠道共享，从而满足线上线下混合教学改革的需要，为学生使用课程资源提供更多选择和便利。[1]

今后，学校对于转专业制度的探索仍将继续，而北京第二外国语学院的教学制度改革也会健康顺利地开展下去。

---

[1] 《北京第二外国语学院本科教学质量报告（2020—2021学年）》第28页，见北京第二外国语学院官方网站。

参考文献

一、专著、报刊、论文类

[1] 丁文昊.就业压力背景下大学生转专业的动机及适应情况分析[J].就业与保障,2021(16):34-35.

[2] 顾建民,江美芬,黄亚婷.高校学生转专业满意度及其影响机制[J].教育发展研究,2022(3):15-24.

[3] 何虎生,曲政.加快构建中国特色哲学社会科学[N].中国教育报,2022-05-26(5).

[4] 林静.地方高校双学位人才培养制度重构的问题与内容研究[J].赤峰学院学报:自然科学版,2015(12):226.

[5] 刘海涛.中国高校本科专业设置研究:以研究型大学为例[D].厦门大学博士学位论文,2019:100-102.

[6] 罗小芳,胡丽媛.大学生专业认同感影响因素分析[J].教育教学论坛,2016(51):63.

[7] 谭娅,封世蓝,黄楠.大学专业与职业发展异质性研究[J].经济科学,2020(3):99.

[8] 新招生模式能否改善人才选拔机制[N].中国经济时报,2014-12-31(010).

[9] 邢瑞冬.我国"双一流"高校本科生转专业制度研究[D].长春:吉林大学硕士学位论文,2022:40-80.

[10] 徐勤荣,杨志亮,石磊峰.新一轮高考综合改革背景下中学教学与高校招生的对策研究:以浙江省为例[J].考试研究,2018(5):30-32.

[11] 杨悦,宗俊峰.高校招生部门职能转型研究[J].高等工程教育研究,2005

（2）：63.

［12］张际峰，平瑶，霍玉洪.成绩对比分析探究转专业行为对学业的激励作用［J］.淮南师范学院学报，2021（6）：72-76.

［13］张曙光，刘艳侠.大学专业教育的历史嬗变及未来想象［J］.大学教育科学，2020（5）：120.

［14］周学铁，邢光军.高考综合改革背景下的高校招生机制改革［J］.教育与职业，2015（35）：40.

二、网络资源类

［1］【BISU面对面】教务处长曲鑫：在线课程建设在改革、融合、创新中发展［EB/OL］.北京第二外国语学院教务处官方网站，2022.

［2］北二外"红培工程"入选教育部2021年度高校思想政治工作精品项目［EB/OL］.北京第二外国语学院官方网站，2021.

［3］北京第二外国语学院"十四五"教育事业发展规划［EB/OL］.北京第二外国语学院官方网站，2021：26-30.

［4］北京第二外国语学院2019年本科招生录取工作报告［EB/OL］.北京第二外国语学院教务处官方网站，2019：26.

［5］北京第二外国语学院2020版本科生培养方案［EB/OL］.北京第二外国语学院本科招生网，2020：1.

［6］北京第二外国语学院2020级新生调查问卷统计报告［EB/OL］.北京第二外国语学院教务处官方网站，2020：5-12.

［7］北京第二外国语学院2020年本科招生录取工作报告［EB/OL］.北京第二外国语学院教务处官方网站，2020：27.

［8］北京第二外国语学院2021届毕业生就业质量报告［EB/OL］.北京第二外国语学院官方百度号，2021.

［9］北京第二外国语学院2021年本科招生录取工作报告［EB/OL］.北京第二外国语学院教务处官方网站，2021：28+35+38.

［10］北京第二外国语学院2021年普通本科招生章程［EB/OL］.北京第二外国语学院本科招生网，2021.

［11］北京第二外国语学院2022年普通本科招生章程［EB/OL］.北京第二外国语学院本科招生网，2022.

［12］北京第二外国语学院本科教学质量报告（2019—2020学年）［EB/OL］.北京第二外国语学院官方网站，2020：10+13-14.

［13］北京第二外国语学院本科教学质量报告（2020—2021学年）［EB/OL］.北京第二外国语学院官方网站，2020：17.

［14］北京第二外国语学院本科教学质量报告（2020—2021学年）［EB/OL］.北京第二外国语学院官方网站，2021：13+20.

［15］北京第二外国语学院本科教学质量报告（2020—2021学年）》［EB/OL］.北京第二外国语学院官方网站，2021：20-21.

［16］北京第二外国语学院本科人才培养（本科教育）五年行动方案（2021—2025年）［EB/OL］.北京第二外国语学院教务处官方网站，2021：2-5.

［17］北京第二外国语学院本科生转专业管理规定（修订版）［EB/OL］.北京第二外国语学院教务处官方网站，2021：2-3.

［18］北京第二外国语学院本科生转专业实施办法（试行）（草案）［EB/OL］.见北京第二外国语学院教务处官方网站，2019.

［19］北京第二外国语学院关于开展2022年本科生转专业工作的通知［EB/OL］.北京第二外国语学院教务处官方网站，2022.

［20］北京第二外国语学院简介［EB/OL］.［2022-10-20］.北京第二外国语学院官方网站，2022.

［21］第十二届全国大学生红色旅游创意策划大赛全国总决赛线上举行［EB/OL］.北京第二外国语学院官方网站，2022.

［22］关于公布2021级本科生转专业拟录取名单的通知［EB/OL］.北京第二外国语学院教务处官方网站，2022.

［23］计金标校长寄语毕业生：不负时代　不负韶华　在热情拥抱人生中书写青春华章［EB/OL］.北京第二外国语学院官方网站，2022.

［24］让百年"红船"驶入"行走的思政课堂"［EB/OL］.北京第二外国语学院官方网站，2021.

［25］让整座校园成为百年党史展馆！北二外党史学习教育沉浸式主题展览开

展［EB/OL］. 北京第二外国语学院官方网站，2021.

［26］突出立德树人，体现学生为本：教育部颁布新版《普通高等学校学生管理规定》［EB/OL］. 2017-02-16. http://www.moe.gov.cn/jyb_xwfb/gzdt_gzdt/s5987/201702/t20170216_296400.html.

［27］我校召开2022年春季学期本科教育教学工作会［EB/OL］. 北京第二外国语学院教务处官方网站，2022.

［28］习近平出席全国教育大会并发表重要讲话［EB/OL］. 2018-09-10. http://www.gov.cn/xinwen/2018-09/10/content_5320835.htm?tdsourcetag=s_pctim_aiomsg.

［29］习近平在中国人民大学考察时强调：坚持党的领导传承红色基因扎根中国大地 走出一条建设中国特色世界一流大学新路［EB/OL］. 2022-04-25. http://www.gov.cn/xinwen/2022-04/25/content_5687105.htm.

［30］喜报！我校成功获批增设3个本科新专业［EB/OL］. 北京第二外国语学院教务处官方网站，2021.

［31］新文科建设工作会在山东大学召开［EB/OL］. 2020-11-03. http://www.moe.gov.cn/jyb_xwfb/gzdt_gzdt/s5987/202011/t20201103_498067.html.

［32］学校专题研究本科人才培养、本科招生选拔工作［EB/OL］. 北京第二外国语学院教务处官方网站，2022.

［33］中共中央办公厅印发《国家"十四五"时期哲学社会科学发展规划［EB/OL］. 2022-04-27. http://www.gov.cn/xinwen/2022-04/27/content_5687532.htm.

［34］中共中央关于党的百年奋斗重大成就和历史经验的决议（全文）［EB/OL］. 2021-11-16. http://www.gov.cn/zhengce/2021-11/16/content_5651269.htm.

附　录

附录1　2022年招生专业及计划数

北京第二外国语学院2022年本科招生专业目录

学科门类 （学科代码）	专业类 （专业类代码）	专业名称	专业代码	所在学院
文学（05）	外国语言文学类（0502）	英语（英语教育）	050201	英语学院
		英语（人文交流）	050201	英语学院
		商务英语（国际文化贸易）	050262	英语学院
		日语（人文交流）	050207	日语学院
		日语（漫画文创）	050207	日语学院
		日语（同声传译）	050207	日语学院
		朝鲜语（人文交流）	050209	亚洲学院
		越南语	050223	亚洲学院
		俄语（人文交流）	050202	欧洲学院
		俄语（经贸合作）	050202	欧洲学院
		德语（人文交流）	050203	欧洲学院
		德语（经贸合作）	050203	欧洲学院
		法语（人文交流）	050204	欧洲学院
		法语（经贸合作）	050204	欧洲学院
		意大利语（旅游休闲）	050238	欧洲学院
		西班牙语	050205	欧洲学院

续表

学科门类 （学科代码）	专业类 （专业类代码）	专业名称	专业代码	所在学院
文学（05）	外国语言 文学类 （0502）	葡萄牙语（经贸合作）	050232	欧洲学院
		波兰语	050228	欧洲学院
		阿尔巴尼亚语	050226	欧洲学院
		匈牙利语	050237	欧洲学院
		保加利亚语	050227	欧洲学院
		阿拉伯语	050206	中东学院
		翻译（中英西复语）	050261	高级翻译学院
		翻译（中英法复语）	050261	高级翻译学院
		翻译（中英阿复语）	050261	高级翻译学院
		翻译（中英俄复语）	050261	高级翻译学院
管理学（12）	旅游管理类 （1209）	旅游管理（旅游经济战略与管理）	120901K	旅游科学学院
		旅游管理（文化旅游与遗产管理）	120901K	旅游科学学院
		旅游管理（商业数据分析）	120901K	旅游科学学院
		旅游管理（旅游规划与开发）	120901K	旅游科学学院
		酒店管理	120902	旅游科学学院
		会展经济与管理（国际会展与赛事管理）	120903	旅游科学学院
	工商管理类 （1202）	财务管理（资本量化分析）	120204	商学院
		财务管理（AI财务）	120204	商学院
		市场营销（大数据应用）	120202	商学院
		市场营销（一带一路营销管理）	120202	商学院
经济学（02）	经济与贸易类 （0204）	国际经济与贸易（国际服务贸易）	020401	经济学院
		贸易经济（国际文化贸易）	020402	经济学院
	金融学类 （0203）	金融学（一带一路金融服务）	020301K	经济学院

续表

学科门类 （学科代码）	专业类 （专业类代码）	专业名称	专业代码	所在学院
法学（03）	政治学类 （0302）	国际政治（小语种＋中国传统文化）	030202	政党外交学院
		国际事务与国际关系（国际组织）	030204T	政党外交学院
		外交学（政党外交）	030203	政党外交学院
文学（05）	中国语言文学 类（0501）	汉语国际教育（英语复合）	050103	文化与传播学院
		汉语言文学（多语复合）	050101	文化与传播学院
	新闻传播学类 （0503）	新闻学（融媒体国际新闻）	050301	文化与传播学院

2022年京外招生计划数

专业	科类	河北	山西	内蒙古	辽宁	吉林	黑龙江	江苏	安徽	福建	江西	河南	湖北	湖南	广东	广西	重庆	四川	贵州	云南	西藏	陕西	甘肃	青海	新疆
文理合计		28	15	20	24	10	22	26	16	18	23	35	13	16	32	31	24	26	30	18	4	20	16	3	13
文史合计		16	6	8	12	4	11	13	8	10	12	18	7	9	16	16	14	12	14	10	2	9	7	2	7
英语（英语教育）	文史		1	2					2	2					1		1	1	2			1			
英语（人文交流）	文史					1	1				1		1												
商务英语 （国际文化贸易）	文史	2	1												2										1
日语（人文交流）	文史	1			1			1			1	1			1	1		1		1					
日语（同声传译）	文史			1		1	1				1				1							1	1		
日语（漫画文创）	文史					1						1	1		1	1	1								
朝鲜语（人文交流）	文史	2		2	2	1																			
越南语	文史											1			1	1				1	1				
俄语（人文交流）	文史	1		2	1		1		2													1			1
俄语（经贸合作）	文史				1							1											1		
德语（人文交流）	文史	1	1					1	1	2	1				1	1				1					
德语（经贸合作）	文史							1							1										

续表

专业	科类	河北	山西	内蒙古	辽宁	吉林	黑龙江	江苏	安徽	福建	江西	河南	湖北	湖南	广东	广西	重庆	四川	贵州	云南	西藏	陕西	甘肃	青海	新疆
法语(人文交流)	文史	1	1	2					1		1	1	1	1	1	1	1	1				1			
法语(经贸合作)	文史				1		1										1								
西班牙语	文史	1		1			1		1		1	2	1	1	1	1	1	1							
葡萄牙语(经贸合作)	文史	1				1	1							1											
意大利语(旅游休闲)	文史				1						1				1					1					
匈牙利语	文史						1					1	1		1										
波兰语	文史						1		1			1													
保加利亚语	文史							1		1															
阿尔巴尼亚语	文史	1					1																		
阿拉伯语	文史					1																			
翻译(中英西复语)	文史	1	1						1			1	1			1		1	1						
翻译(中英法复语)	文史					1			1		1		1	1			2	2							
翻译(中英俄复语)	文史						1			1	1					1	1								
翻译(中英阿复语)	文史							2				1	1	1	1	1									
旅游管理(文化旅游与遗产管理)	文史																								
旅游管理(商业数据分析)	文史										1					2									
旅游管理(旅游经济战略与管理)	文史	2				2			2		2				1		2					2			
旅游管理(旅游规划与开发)	文史												2									1			
酒店管理	文史														1	2		2				2			2
会展经济与管理(国际会展与赛事管理)	文史							1														1	1		
市场营销(大数据应用)	文史																								

续表

专业	科类	河北	山西	内蒙古	辽宁	吉林	黑龙江	江苏	安徽	福建	江西	河南	湖北	湖南	广东	广西	重庆	四川	贵州	云南	西藏	陕西	甘肃	青海	新疆
市场营销（一带一路营销管理）	文史														2								2		
财务管理（资本量化分析）	文史																								
财务管理（AI财务）	文史																								
国际经济与贸易（国际服务贸易）	文史												1												1
金融学（一带一路金融服务）	文史																								
贸易经济（国际文化贸易）	文史	2																							
国际事务与国际关系（国际组织）	文史														1		2	2				1			
外交学（政党外交）	文史														2		2	2							
汉语言文学（多语复合）	文史			2				2	3						2				2			2		2	2
汉语国际教育（英语复合）	文史					2			2																
新闻学（融媒体国际新闻）	文史				1		1	2				2	1				2	2							
理工合计		12	9	12	12	6	11	13	8	8	11	17	6	7	16	15	10	14	16	8	2	11	9	1	6
英语（英语教育）	理工												1			1	2					1			
英语（人文交流）	理工					2	1	1				1		1			1		2			2			
商务英语（国际文化贸易）	理工		1		2						2								2						1
日语（人文交流）	理工	1		1					1				1	1					1						
日语（同声传译）	理工		1	2									1									1	1		
日语（漫画文创）	理工						1					1	2		1	1	1								
朝鲜语（人文交流）	理工					1																			

续表

专业	科类	河北	山西	内蒙古	辽宁	吉林	黑龙江	江苏	安徽	福建	江西	河南	湖北	湖南	广东	广西	重庆	四川	贵州	云南	西藏	陕西	甘肃	青海	新疆
越南语	理工		1																						
俄语（人文交流）	理工				1	1																	1		1
俄语（经贸合作）	理工	1			1	1			1			1												1	
德语（人文交流）	理工	1	1								1	1				1		1					1		
德语（经贸合作）	理工			2				2	1			1				1									
法语（人文交流）	理工	1	1							1	1	1	1	1	1	1		1							
法语（经贸合作）	理工				1				1	2		1					1	2							
西班牙语	理工			2	1				2		2	1				1	1	1	1			2			
葡萄牙语（经贸合作）	理工	1				1				1		1				1	1	2							
意大利语（旅游休闲）	理工				1					1										1					
匈牙利语	理工																								
波兰语	理工														1										
保加利亚语	理工							1	1																
阿尔巴尼亚语	理工																								
阿拉伯语	理工	2	2	2	1	2	1	2	2	2	2	1				2		2	2						
翻译（中英西复语）	理工	1	1									1	1				1		1	1					
翻译（中英法复语）	理工					1			1			1	1	1											
翻译（中英俄复语）	理工			2		1											1	2							
翻译（中英阿复语）	理工											1	1	1	1	1									
旅游管理（文化旅游与遗产管理）	理工															2				2					
旅游管理（商业数据分析）	理工																						2		
旅游管理（旅游经济战略与管理）	理工													1											

续表

专业	科类	河北	山西	内蒙古	辽宁	吉林	黑龙江	江苏	安徽	福建	江西	河南	湖北	湖南	广东	广西	重庆	四川	贵州	云南	西藏	陕西	甘肃	青海	新疆
旅游管理（旅游规划与开发）	理工															1						1			
酒店管理	理工	2									2		2					2							1
会展经济与管理（国际会展与赛事管理）	理工																								
市场营销（大数据应用）	理工				2				1													1			
市场营销（一带一路营销管理）	理工												2												
财务管理（资本量化分析）	理工					1	2									2									2
财务管理（AI财务）	理工										1					2							2		
国际经济与贸易（国际服务贸易）	理工						2							1			2	2							1
金融学（一带一路金融服务）	理工	2		2					1			2				2		2							
贸易经济（国际文化贸易）	理工						2		2							2						2			
国际事务与国际关系（国际组织）	理工						2																		
外交学（政党外交）	理工															2									
汉语言文学（多语复合）	理工																								
汉语国际教育（英语复合）	理工		1													2									
新闻学（融媒体国际新闻）	理工					1	1					1													

注：历史类计划按照文史处理，物理类计划按照理工处理。

2022年3+3模式高考改革省份招生计划数

专业名称	北京	天津	上海	浙江	山东	海南
合计	618	23	12	30	30	21
英语（英语教育）	34					2
英语（人文交流）	35	2	2	2	2	
商务英语（国际文化贸易）	32			1	1	2
日语（人文交流）	10	1			2	
日语（同声传译）	11	1		1		
日语（漫画文创）	11		2	2		
朝鲜语（人文交流）		2		2	2	
越南语						
俄语（人文交流）				1		
俄语（经贸合作）		1		2		
德语（人文交流）	23		1	2	1	2
德语（经贸合作）	11				2	
法语（人文交流）	23	1	1		2	
法语（经贸合作）	12			1		
西班牙语	30	1		1	2	2
葡萄牙语（经贸合作）				1		2
意大利语（旅游休闲）	10			2	1	2
匈牙利语			1			
波兰语					1	
保加利亚语				1		
阿尔巴尼亚语		1	1		1	
阿拉伯语		1	2	2	2	
翻译（中英西复语）	10	1				
翻译（中英法复语）	10			2		
翻译（中英俄复语）	10	2			1	

续表

专业名称	北京	天津	上海	浙江	山东	海南
翻译（中英阿复语）	8					
旅游管理（文化旅游与遗产管理）	18					1
旅游管理（商业数据分析）	8				1	
旅游管理（旅游经济战略与管理）	16					
旅游管理（旅游规划与开发）	12					
酒店管理						2
会展经济与管理（国际会展与赛事管理）	26		1			2
市场营销（大数据应用）	8			1		
市场营销（一带一路营销管理）					2	
财务管理（资本量化分析）	8					
财务管理（AI 财务）	10				1	
国际经济与贸易（国际服务贸易）	37	2				
金融学（一带一路金融服务）	16	2	2	2		2
贸易经济（国际文化贸易）	28				2	
国际事务与国际关系（国际组织）	18					
外交学（政党外交）	18			2		
汉语言文学（多语复合）	39			2	2	
汉语国际教育（英语复合）	36	2				2
新闻学（融媒体国际新闻）	40	2			2	

北京提前批 A 段招生计划数

专业名称	计划数
朝鲜语（人文交流）	12
越南语	6
俄语（人文交流）	12
俄语（经贸合作）	11

续表

专业名称	计划数
葡萄牙语（经贸合作）	13
匈牙利语	6
波兰语	6
保加利亚语	6
阿尔巴尼亚语	6
阿拉伯语	30
合计	108

北京提前批 B 段农村专项计划

专业名称	计划数
商务英语（国际文化贸易）	2
旅游管理（商业数据分析）	6
旅游管理（旅游经济战略与管理）	8
旅游管理（旅游规划与开发）	2
酒店管理	12
市场营销（大数据应用）	5
市场营销（一带一路营销管理）	8
财务管理（资本量化分析）	4
金融学（一带一路金融服务）	5
合计	52

北京提前批 B 段外培计划

二外招生专业	海外培养高校	培养模式	合计	东	西	朝	丰	石	海	门	房	通	顺	昌	兴	怀	平	密	延
旅游管理	美国南卡罗来纳大学	1+3	10	1	1	1	1	1		1	1	1	1	1					
酒店管理		1+3	6	1	1	1	1		1										

续表

二外招生专业	海外培养高校	培养模式	合计	东	西	朝	丰	石	海	门	房	通	顺	昌	兴	怀	平	密	延
贸易经济	美国芝加哥哥伦比亚学院	1+3	8	1	1	1	1		1		1	1		1					
财务管理	美国密苏里大学堪萨斯分校	1+3	3	1	1		1												
市场营销		1+3	3			1		1			1								
合计			30																

北京提前批 B 段双培计划

二外招生专业	央属培养院校	培养专业方向	培养模式	合计	东	西	朝	丰	石	海	门	房	通	顺	昌	兴	怀	平	密	延
英语	中国传媒大学	互联网电视	3+1	20	2	3	3	1	1	2	1	1	1	1	1			1	1	
金融学	中央财经大学	金融学	3+1	30	3	4	3	2	2	5	1	1	2	2	2			1		
国际政治	北京外国语大学	中华文化与小语种（意大利语）	3+1	3										1	1	1				
		中华文化与小语种（波兰语）	3+1	3	1	1	1													
		中华文化与小语种（斯洛伐克语）	3+1	3							1	1	1							
		中华文化与小语种（阿尔巴尼亚语）	3+1	3						1		1	1							
		中华文化与小语种（西班牙语）	3+1	4		1					1				1	1				
合计				66																

注：招生计划、批次等信息以教育部和各省考试院最终公布为准。

附录2 2021年录取分数

2021年高考统招各省、市、自治区录取分数一览表（1）

省份	批次	总分	文史类								理工类							
			一本线（自主线）	位次	最高分	位次	最低分	位次	平均分	位次	一本线（自主线）	位次	最高分	位次	最低分	位次	平均分	位次
河北	本科批	750	520	25314	626	611	590	3657	601	2314	498	88133	609	9712	584	20595	594	15597
山西	本一批	750	543	6158	586	1634	576	2368	579	2133	505	34226	578	8300	564	11696	568	10583
内蒙古	本一批	750	488	7473	589	713	546	2647	569	1451	418	30107	559	5278	517	10803	545	6894
辽宁	本科批	750	534	12888	621	990	607	1781	614	1334	503	42286	619	6439	594	11740	607	8840
吉林	本一批	750	519	3506	555	1575	542	2165	548	1855	482	17962	576	4027	534	8986	548	7122
黑龙江	本一批	750	472	7875	569	1231	557	1688	564	1394	415	38342	560	6392	529	10882	538	9480
江苏	本科批	750	533	22087	580	4797	572	6726	574	6209	501	84458	570	22338	552	35344	559	29947
安徽	本一批	750	560	21607	619	2563	612	3597	614	3305	488	88984	605	11935	572	26474	578	23314
福建	本科批	750	546	7620	585	2306	577	3102	580	2778	530	37886	590	12499	579	16286	584	14499
江西	本一批	750	559	13308	612	1898	607	2423	609	2215	519	48330	590	11278	572	17966	576	16324
河南	本一批	750	558	22468	628	1803	607	5051	613	3949	518	115308	614	16707	580	41208	590	32665
湖北	本科批	750	558	13357	600	3741	597	4180	598	4012	520	56501	597	17186	592	19318	595	18031
湖南	本科批	750	521	22084	594	2100	583	3361	587	2853	504	77100	602	10958	589	16069	593	14305
广东	本科批	750	548	19347	600	3082	588	5276	593	4257	539	81797	601	22482	586	33469	591	29442
广西	本一批	750	530	9954	606	987	580	2698	587	2105	487	43618	582	7190	538	19814	554	14188
重庆	本科批	750	538	13621	601	2270	584	4195	593	3057	528	46121	626	7039	598	15173	606	12552
四川	本一批	750	541	17804	599	2014	586	3733	589	3301	521	81996	611	14707	596	22249	602	18996
贵州	本一批	750	556	9886	629	1036	606	2541	612	2091	456	48579	535	13696	511	21543	523	17346
云南	本一批	750	565	11619	630	1117	619	1891	622	1644	520	37782	579	12674	557	20496	568	16343
陕西	本一批	750	499	13855	610	794	532	7021	589	1618	443	59591	589	6296	541	15953	560	11413
甘肃	本一批	750	502	7851	578	830	510	6420	553	1914	440	34345	516	10781	505	13064	510	11976

续表

省份	批次	总分	文史类 一本线（自主线）	位次	最高分	位次	最低分	位次	平均分	位次	理工类 一本线（自主线）	位次	最高分	位次	最低分	位次	平均分	位次
青海	本一批	750	405	4551	472	1592	472	1592	472	1592	330	16379	496	1965	457	3677	477	2711
新疆	本一批	750	466		571		537		556		405		520		507		515	
新疆	少数民族预科	750			498		416		464				453		392		424	
西藏汉	本一批	750	448		557		493		525		415		493		446		470	

2021年高考统招各省、市、自治区录取分数一览表（2）

省份	总分	自主线（不分文理）	自主线位次	最高分	最高分位次	最低分	最低分位次	平均分	平均分位次
天津	750	579	16541	639	5787	625	7991	629	7336
上海	660	503	14851	541	6986	512	12867	519	11392
浙江	750	589	159461	645	8991	628	18298	635	13963
山东	750	518	111697	604	14332	579	30105	593	20431
海南	900	569	14878	685	1946	646	4376	662	3190

2021年在京统招本科各专业录取分数及位次一览表

专业名称	批次	最高分	位次	最低分	位次	平均分	位次
阿拉伯语（旅游休闲）	提前批A段	528	19386	525	19933	527	19548
阿拉伯语（人文交流）	提前批A段	550	15759	532	18769	537	17927
阿拉伯语（中东外交）	提前批A段	568	12769	529	19209	541	17246
朝鲜语（人文交流）	提前批A段	546	16415	530	19063	536	18090
俄语（经贸合作）	提前批A段	542	17074	533	18581	536	18090
俄语（人文交流）	提前批A段	572	12148	538	17771	546	16415
拉脱维亚语（人文交流）	提前批A段	532	18769	520	20783	522	20439
立陶宛语（人文交流）	提前批A段	582	10556	519	20943	531	18912

续表

专业名称	批次	最高分	位次	最低分	位次	平均分	位次
葡萄牙语（经贸合作）	提前批A段	561	13911	544	16716	550	15759
印地语（人文交流）	提前批A段	532	18769	523	20286	525	19933
波斯语（人文交流）	提前批A段	521	20620	519	20943	520	20783
土耳其语（人文交流）	提前批A段	563	13577	521	20620	530	19063
希伯来语（人文交流）	提前批A段	547	16249	526	19743	533	18581
英语（英语教育）	提前批B段农村专项	558	14390	545	16566	552	15442
商务英语（国际文化贸易）	提前批B段农村专项	537	17927	536	18090	537	17927
财务管理（资本量化分析）	提前批B段农村专项	534	18427	524	20112	528	19386
金融学（一带一路金融服务）	提前批B段农村专项	558	14390	527	19548	537	17927
酒店管理（健康产业管理—日语实验班）	提前批B段农村专项	520	20783	497	24493	505	23258
酒店管理（数字化运营与管理）	提前批B段农村专项	517	21296	506	23095	511	22270
旅游管理（旅游规划与开发）	提前批B段农村专项	536	18090	520	20783	528	19386
旅游管理（旅游经济战略与管理）	提前批B段农村专项	518	21116	496	24663	504	23401
旅游管理（商业数据分析）	提前批B段农村专项	528	19386	519	20943	524	20112
市场营销（大数据应用）	提前批B段农村专项	566	13093	523	20286	534	18427
市场营销（一带一路营销管理）	提前批B段农村专项	525	19933	514	21794	518	21116
财务管理	提前批B段外培	535	18249	516	21457	524	20112

续表

专业名称	批次	最高分	位次	最低分	位次	平均分	位次
酒店管理	提前批B段外培	558	14390	529	19209	542	17074
旅游管理	提前批B段外培	557	14563	516	21457	530	19063
贸易经济	提前批B段外培	572	12148	518	21116	544	16716
市场营销	提前批B段外培	560	14073	516	21457	536	18090
英语（互联网电视）	提前批B段双培	584	10265	542	17074	565	13256
国际政治（保加利亚语与中国传统文化）	提前批B段双培	568	12769	554	15088	560	14073
国际政治（荷兰语与中国传统文化）	提前批B段双培	574	11823	531	18912	553	15253
国际政治（瑞典语与中国传统文化）	提前批B段双培	574	11823	555	14914	562	13745
国际政治（西班牙语与中国传统文化）	提前批B段双培	598	8146	564	13404	576	11481
国际政治（希腊语与中国传统文化）	提前批B段双培	568	12769	555	14914	563	13577
金融学	提前批B段双培	590	9358	534	18427	561	13911
英语（人文交流）	本科普通批	591	9189	541	17246	551	15609
英语（英语教育）	本科普通批	565	13256	544	16716	551	15609
德语（经贸合作）	本科普通批	554	15088	537	17927	542	17074
德语（人文交流）	本科普通批	590	9358	553	15253	565	13256
法语（经贸合作）	本科普通批	579	10998	540	17426	552	15442
法语（人文交流）	本科普通批	586	9964	546	16415	557	14563
日语（漫画文创）	本科普通批	567	12929	551	15609	556	14725
日语（人文交流）	本科普通批	615	5861	556	14725	574	11823

续表

专业名称	批次	最高分	位次	最低分	位次	平均分	位次
日语（同声传译）	本科普通批	596	8454	563	13577	573	11970
商务英语（国际文化贸易）	本科普通批	558	14390	534	18427	538	17771
西班牙语（旅游休闲）	本科普通批	552	15442	543	16885	547	16249
西班牙语（人文交流）	本科普通批	569	12614	554	15088	560	14073
意大利语（旅游休闲）	本科普通批	544	16716	541	17246	543	16885
财务管理（资本量化分析）	本科普通批	547	16249	532	18769	535	18249
财务管理（AI财务）	本科普通批	536	18090	529	19209	532	18769
翻译（中英阿复语）	本科普通批	562	13745	540	17426	546	16415
翻译（中英俄复语）	本科普通批	573	11971	557	14563	563	13577
翻译（中英法复语）	本科普通批	612	6213	555	14914	581	10706
翻译（中英西复语）	本科普通批	587	9803	537	17927	563	13577
国际经济与贸易（国际服务贸易）	本科普通批	546	16415	538	17771	540	17426
国际事务与国际关系（国际组织）	本科普通批	575	11650	540	17426	550	15759
汉语国际教育（英语复合）	本科普通批	548	16078	539	17576	541	17246
汉语言文学（多语复合）	本科普通批	567	12929	541	17246	547	16249
会展经济与管理（国际会展与赛事管理）	本科普通批	569	12614	529	19209	535	18249
金融学（一带一路金融服务）	本科普通批	576	11481	530	19063	535	18249
酒店管理（健康产业管理—日语实验班）	本科普通批	536	18090	529	19209	531	18912
酒店管理（数字化运营与管理）	本科普通批	534	18427	529	19209	530	19063
旅游管理（旅游规划与开发）	本科普通批	549	15923	531	18912	536	18090
旅游管理（旅游经济战略与管理）	本科普通批	542	17074	530	19063	533	18581

续表

专业名称	批次	最高分	位次	最低分	位次	平均分	位次
旅游管理（商业数据分析）	本科普通批	539	17576	533	18581	535	18249
旅游管理 （文化旅游与遗产管理）	本科普通批	566	13093	535	18249	545	16566
贸易经济（国际文化贸易）	本科普通批	543	16885	538	17771	539	17576
市场营销（大数据应用）	本科普通批	556	14725	529	19209	536	18090
市场营销 （一带一路营销管理）	本科普通批	533	18581	529	19209	531	18912
外交学（政党外交）	本科普通批	580	10853	546	16415	557	14563
新闻学（融媒体国际新闻）	本科普通批	586	9964	542	17074	550	15759

附录3 人才培养

服务国家战略和首都需求着力培养高端复语复合人才

学校立足"具有鲜明北京特色的高水平外国语大学"发展目标，围绕立德树人根本任务，深化教育教学改革，积极落实"新文科"理念，优化人才培养机制，凝练人才培养特色，制订实施《2020版本科生培养方案（修订版）》。《方案》以"内嵌—外生"为切入点，实行"外语类专业—非外语类专业"双轨培养，形成了"多语种复语，跨专业复合"特色人才培养体系。设有内嵌式复语复合课程模块，每位学生都可以进行跨专业复合学习，建有外生式复语复合选课机制，全面放开学生跨专业选课资格，建设在线课程教学资源打通专业跨选路径，学生跨选学习受惠面达到100%，跨专业复合课程全免费。学校所有本科生都可以参加英语专业四级和八级考试，考试合格可以获得英语专业四级和八级证书。学校面向社会需求，紧跟时代发展，努力培养能够胜任"中外人文交流"使命、服务首都国际交往中心建设的具有家国情怀、国际视野的复语复合型人才。

转专业

我校本科生均可在入学后的第二学期提出转专业申请（已参与改革项目或上级部门明确规定不能转专业的除外），学生可以跨学科门类、录取批次选择转入专业。近三年，我校申请转专业学生的转专业成功率约为60%。

内嵌复语

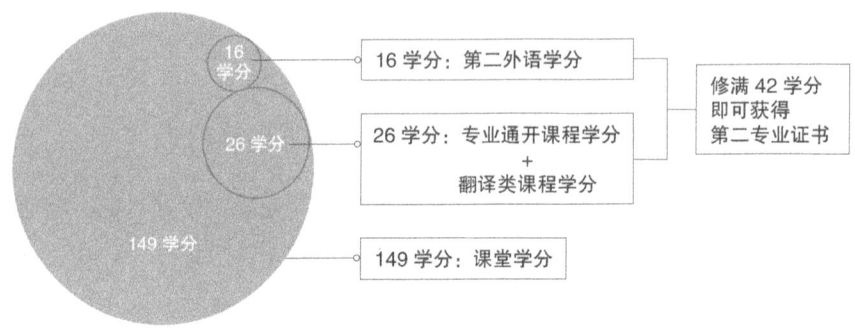

图 1　外语类专业"复语型"人才培养学分结构图
（主修专业 + 第二专业）

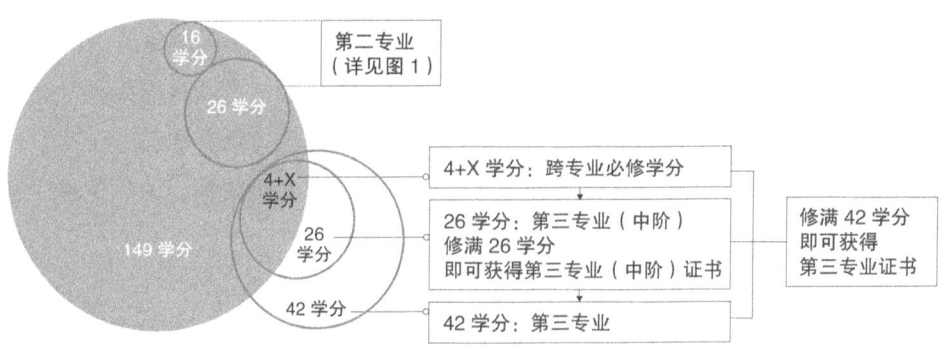

图 2　外语类专业"复语复合型"人才培养学分结构图
（主修专业 + 第二专业 + 第三专业）

外生复合

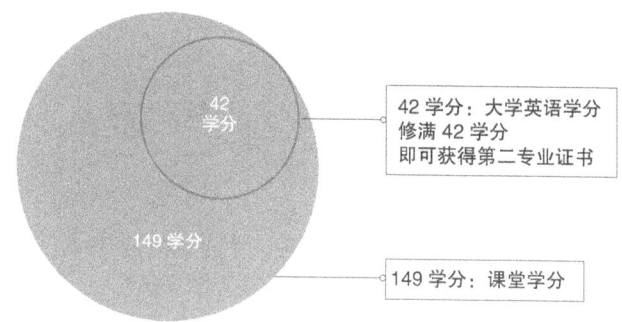

图 3　非外语类专业"复合型"人才培养学分结构图
（主修专业 + 第二专业）

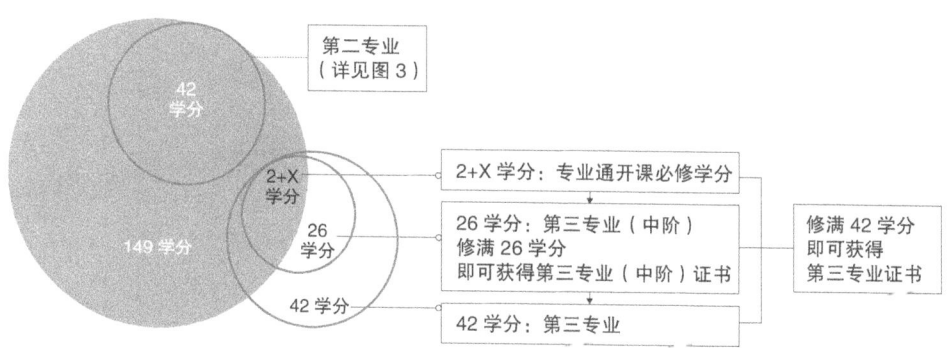

图 4　非外语类专业"复语复合型"人才培养学分结构图
（主修专业 + 第二专业 + 第三专业）

注：个别特色专业方向和北京市"双培、外培"等改革项目除外。

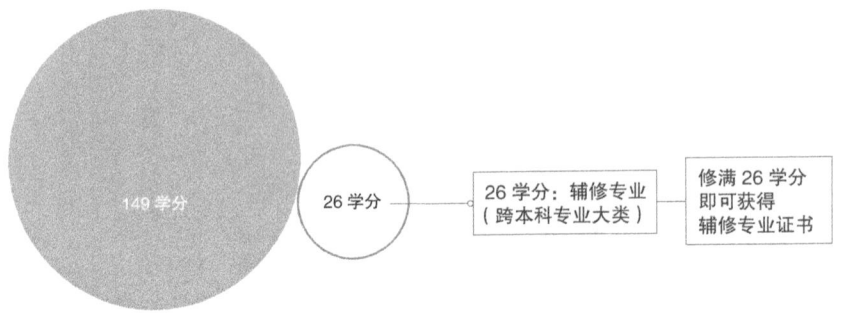

图 5 辅修专业人才培养学分结构图
（主修专业 + 辅修专业）

附录4　部分国际合作学校

17个 North America / 北美洲	**4**个 South America / 南美洲
52个 Asia / 亚洲	**4**个 Oceania / 大洋洲
85个 Europe / 欧洲	**2**个 Africa / 非洲

校际合作

美国加州大学伯克利分校
北美洲

美国加州大学圣地亚哥分校
北美洲

美国加州大学河滨分校
北美洲

美国加州大学伯克利分校（国际学院）
北美洲

澳大利亚昆士兰大学
大洋洲

美国阿巴拉契亚州立大学
北美洲

美国纽约州立大学宾汉姆顿分校
北美洲

美国北亚利桑那大学
北美洲

美国蒙特雷国际研究院
北美洲

美国芝加哥哥伦比亚学院
北美洲

日本明治大学
亚洲

法国奥尔良大学
欧洲

法国SKEMA商科联盟国际商学院
欧洲

英国朴次茅斯大学
欧洲

英国中央兰开夏大学
欧洲

西班牙胡安卡洛斯国王大学
欧洲

日本爱知大学
亚洲

日本创价大学
亚洲

日本京都外国语大学
亚洲

院际合作

英语学院

美国北亚利桑那大学 顶
北美洲

澳大利亚昆士兰大学 学
大洋洲

英国密德萨斯大学 分
欧洲

丹麦哥本哈根大学 交
欧洲

英国斯旺西大学 学 连 分
欧洲

日本关西学院大学 顶 博
亚洲

日语学院

日本早稻田大学 交 分 游
亚洲

日本名古屋大学 交 分
亚洲

日本大阪大学 交 分
亚洲

日本广岛大学 交 顶 博 分 游
亚洲

日本关西学院大学 顶 博
亚洲

日本明治大学 交
亚洲

日本上智大学 分 游
亚洲

日本名城大学 连 交
亚洲

日本爱知大学 教 交
亚洲

日本京都外国语大学 教
亚洲

日本杏林大学 交 分
亚洲

日本樱美林大学 交 分 游
亚洲

日本京都艺术大学
亚洲

日本创价大学 学 游
亚洲

日本好莱坞大学院大学 教
亚洲

日本东北学院大学 交
亚洲

日本熊本学园大学
亚洲

日本关东学院大学 教 学 连 交
亚洲

日本青森中央学院大学 教 践 顶 交 分
亚洲

日本大谷大学 交
亚洲

日本文京学院大学 学 分
亚洲

日本北陆大学 学
亚洲

日本爱知学泉大学 教 交
亚洲

日本横滨商科大学 教 交 分
亚洲

日本敬爱大学 交
亚洲

美国纽约州立大学宾汉姆顿分校 教 博
北美洲

美国蒙特雷国际研究学院 教 博
北美洲

亚洲学院

韩国外国语大学 交 分
亚洲

韩国庆熙大学 交 分
亚洲

韩国中央大学 交 分 硕
亚洲

韩国国民大学 交 分
亚洲

韩国大邱大学 交
亚洲

韩国东亚大学 交 分
亚洲

韩国忠北大学 交 分
亚洲

韩国釜山外国语大学 交 分
亚洲

韩国梨花女子大学 交 分
亚洲

印度索迈亚大学 分
亚洲

金德尔大学 交
亚洲

欧洲学院

墨西哥维拉克鲁斯大学 交
北美洲

秘鲁圣·伊格纳西奥·德·洛约拉大学 交 分
南美洲

澳门理工学院和澳门基金会 分
亚洲

法国巴黎高等跨文化管理与传播学院 交 连
欧洲

法国里昂二大 交 学
欧洲

法国比卡迪大学 交
欧洲

法国奥尔良大学 交
欧洲

法国巴黎十大 分 教
欧洲

法国克莱蒙奥弗涅大学 交
欧洲

意大利锡耶纳外国人大学 交
欧洲

意大利天主教圣心大学 分
欧洲

德国杜伊斯堡艾森大学 分
欧洲

德国费希塔大学 交
欧洲

德国中等企业应用技术大学 连
欧洲

德国美因茨大学 交
欧洲

葡萄牙科英布拉大学 分 培
欧洲

葡萄牙米尼奥大学 分
欧洲

俄罗斯喀山联邦大学 硕
欧洲

俄罗斯圣彼得堡国立大学 交
欧洲

俄罗斯莫斯科国际关系学院 交
欧洲

俄罗斯赫尔岑师范大学
（俄罗斯圣彼得堡国立师范大学）
欧洲

俄罗斯莫斯科国立语言大学 分
欧洲

匈牙利德布勒森大学 贯 分
欧洲

波兰哥白尼大学 贯 分
欧洲

拉脱维亚里加理工大学 贯 分
欧洲

爱沙尼亚塔尔图大学 贯 分
欧洲

爱沙尼亚塔林大学 交
欧洲

立陶宛维尔纽斯大学 贯 分
欧洲

塞尔维亚贝尔格莱德大学 贯 分
欧洲

罗马尼亚皮特什蒂大学 贯
欧洲

匈牙利罗兰大学 分
欧洲

匈牙利塞格德大学 贯
欧洲

罗马尼亚布加勒斯特大学 贯
欧洲

斯洛文尼亚卢布尔雅那大学 分 贯
欧洲

斯洛伐克考门司基大学 实 分
欧洲

保加利亚大特尔诺沃大学 贯
欧洲

阿尔巴尼亚地拉那大学 贯
欧洲

西班牙阿尔卡拉大学 分
欧洲

西班牙格拉纳达大学 交 学
欧洲

中东学院

埃及复兴大学 分
非洲

摩洛哥穆罕默德五世大学 分
非洲

土耳其哈西德佩大学 分
亚洲

土耳其爱琴海大学 分
亚洲

伊朗德黑兰大学 分
亚洲

以色列海法大学 分
亚洲

高级翻译学院

美国纽约州立宾汉姆顿大学 博 学
北美洲

美国蒙特雷国际研究院 分 硕 连 车
英国斯旺西大学 学 连 分
欧洲

丹麦哥本哈根大学 交
欧洲

西班牙格拉纳达大学 交 学
欧洲

旅游科学学院

美国中佛罗里达大学 分 实 硕
北美洲

美国南卡罗来纳大学 学 博 培
北美洲

澳大利亚昆士兰大学 学
大洋洲

澳大利亚格里菲斯大学 分
大洋洲

法国 ISG 高等管理学院 交
欧洲

法国 ESSEC 商学院 交
欧洲

澳门旅游学院 交
亚洲

商学院

美国密苏里大学堪萨斯分校 培
北美洲

英国密德萨斯大学 交
欧洲

荷兰南方应用科技大学 交
欧洲

法国 ISG 高等管理学院 交
欧洲

法国 ESSEC 商学院 交
欧洲

澳门旅游学院 交
亚洲

经济学院

美国北佛罗里达大学 交
北美洲

美国加州大学河滨分校 连
北美洲

美国芝加哥哥伦比亚学院 分 培
北美洲

澳大利亚昆士兰大学 交
大洋洲

英国密德萨斯大学 交
欧洲

法国ISG高等管理学院 交
欧洲

澳门旅游学院 交
亚洲

政党外交学院

英国斯旺西大学 学 分 连
欧洲

美国弗莱格勒大学 交
北美洲

文化与传播学院

英国斯旺西大学 学 连 分
欧洲

丹麦哥本哈根大学 交
欧洲

马克思主义学院

英国斯旺西大学 学 连
欧洲

中国服务贸易研究院

巴西米纳斯吉拉斯联邦大学 交 教

备注

- 交 一学期 / 一学年交换生项目
  我校与友好合作院校互派学生并转换学分的项目
- 分 一学期 / 一学年学分项目
  在校生出国留学，于国（境）外的学习成绩可转换为二外课程学分的项目
- 学 双学士学位项目
  在校生通过在国（境）内外的学习获得二外与友好合作院校的双学士学位的项目
- 硕 双硕士学位项目
  在校生通过在国（境）内外的学习获得二外与友好合作院校的双硕士学位的项目
- 博 联合培养博士项目
  我校与友好合作院校联合培养博士生的项目
- 游 夏季游学项目
  在校生夏季出国短期游学的项目
- 连 本硕连读项目
  在校生本科第四年及研究生阶段于友好合作院校留学的项目，获得二外学士学位及友好合作院校硕士学位的项目
- 培 外培项目
  二外贯彻落实北京市"高水平人才交叉培养计划"，招收京籍优秀学生于国外学习三年，获得二外与友好合作院校双学士学位的项目
- 暑 暑期学分项目
  在校生暑期出国留学，于国（境）外的学习成绩可转换为二外课程学分的项目
- 教 教师交流项目
- 两 两年学分项目
- 法 对外法语大学证书
- 贯 贯培项目
  二外招收京籍初中毕业生，完成高中阶段学习，本科阶段有机会派出国外留学的项目
- 车 硕士直通车项目
- 践 大学生美国社会实践项目
  在校生暑期出国留学，于国（境）外的学习成绩可转换为二外课程学分的项目

附录5 毕业就业

就业基本情况

2021年,我校本科毕业生共计1576人,截至2021年10月31日,本科毕业去向落实率为96.32%,深造率为31.66%。

国内深造情况分析

在2021届本科毕业生中,选择国内升学155人,占比9.84%。其中,录取我校本科毕业生人数较多的其他院校有北京外国语大学、对外经济贸易大学、北京语言大学、北京大学、北京师范大学、中央财经大学。

2021届本科毕业生国内深造部分院校分布图

出国(境)深造情况分析

我校2021届本科毕业生出国、出境深造人数共计345人,占比21.83%;出国、出境深造的国家(地区)主要分布在英国、美国、日本等国家(地区)。

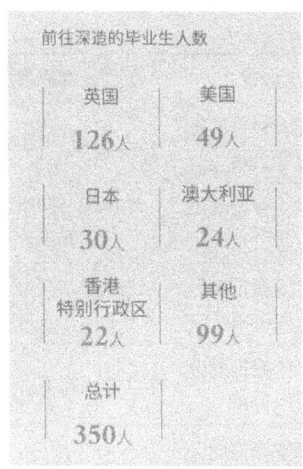

2021 届毕业生出国（境）留学主要深造院校分布

就业情况分析

就业单位地域分布 在 2021 届直接就业的本科毕业生群体中，约 69.40% 选择留京工作。

就业单位行业分布 我校 2021 届直接就业的本科毕业生集中在"信息传输、软件和信息技术服务业""教育""文化、体育和娱乐业""租赁和商务服务业""金融业"五大行业，分别占比 17.33%、11.75%、11.75%、9.96%、7.57%。

就业单位性质分布 在 2021 届直接就业的本科毕业生群体中，69.70% 毕业生进入企业工作，19.80% 毕业生进入机关或事业单位工作。

就业重点用人单位分布 我校 100 名 2021 届毕业生进入 36 家 500 强企业，其中世界 500 强企业 21 家，吸纳毕业生 76 人；中国 500 强企业 32 家，吸纳毕业生 79 人。

本科毕业生进入我国各类重点企事业单位就业的分布表

国有企业	金融类	互联网类	其他类
中国航空工业集团有限公司	中国银行股份有限公司	中国电子科技集团公司	长城汽车股份有限公司

续表

国有企业	金融类	互联网类	其他类
中国化学工程集团有限公司	中国建设银行股份有限公司	中国电信集团有限公司	美的集团股份有限公司
中国五矿集团有限公司	中国农业银行股份有限公司	中国联合网络通信集团有限公司	默沙东（中国）有限公司
中国医药集团有限公司	中国工商银行股份有限公司	北京京东世纪贸易有限公司	顺丰控股股份有限公司
中国邮政集团有限公司	中国民生银行股份有限公司	华为技术有限公司	太极集团有限公司
北京建工集团有限责任公司	上海浦东发展银行股份有限公司	小米集团	铜陵有色金属集团控股有限公司
广州国资发展控股有限公司	北京银行股份有限公司	腾讯控股有限公司	西门子（中国）有限公司
紫金矿业集团股份有限公司	天津银行股份有限公司	百度网络技术有限公司	TCL集团股份有限公司
	招商银行股份有限公司	网易公司	上海电气（集团）总公司
		亚马逊公司	

附录 6　普通本科招生章程

第一章　总则

第一条　为贯彻落实教育部"阳光招生"政策，规范招生工作，提高生源质量，维护学校及考生的合法权益，根据《中华人民共和国教育法》《中华人民共和国高等教育法》、教育部和各省（自治区、直辖市）教育主管部门关于普通高等学校招生文件等规定，结合学校本科招生具体情况，特制定本章程。

第二条　本章程适用于北京第二外国语学院普通本科高考统一招生工作。保送生招生、优秀运动员免试入学招生、少数民族预科招生、内地新疆班招生、内地西藏班招生以及北京市"双培计划""外培计划""农村专项计划"招生等工作，将依据教育部、国家体育总局、北京市和学校的其他相关规定执行。

第三条　学校基本信息：

中文校名－北京第二外国语学院

英文校名－Beijing International Studies University（BISU）

学校地址－位于北京市朝阳区定福庄南里 1 号；

延庆校区位于北京市延庆区湖南东路 8 号

学校网址－http://www.bisu.edu.cn

办学性质－北京市主管的公办全日制普通高等学校

办学层次－本科、硕士

修业年限－普通本科学制四年

第四条　学生在修业年限内完成规定学业，经审查达到毕业标准，颁发北京第二外国语学院全日制普通高等学校毕业证书，对符合学位授予条件者授予学士学位并颁发学位证书。

第五条 学校招生工作遵循"公平竞争、公正选拔、公开程序"的原则，接受纪检监察部门、考生与家长、社会各界监督。

第二章 组织机构

第六条 学校设立本科招生工作委员会，研究制定学校招生政策，讨论决定招生工作的重大事宜。

第七条 学校本科招生办公室作为本科招生工作委员会的常设机构，具体负责普通本科招生的日常工作。

第八条 学校纪检监察部门对学校招生工作进行监督。

第三章 招生条件

第九条 普通本科招生条件按照当年《教育部关于做好普通高等学校招生工作的通知》等有关文件精神执行。

第十条 外语语种要求：英语、商务英语、翻译专业只招英语语种考生。其他专业不限语种。

北京市"外培计划"专业须达到美国高校的英语语言入学标准，且后3年在美国高校进行培养，请非英语类考生慎重报考。学校非外语类专业的公共外语为英语，部分专业课教学采用中英双语教学或全英文授课，请非英语类考生慎重报考。如自愿报考并被录取，须按学校要求修习英语学分和有关专业课学分。

第十一条 录取体检标准：以教育部、卫计委和中国残疾人联合会制定的《普通高等学校招生体检工作指导意见》和《关于普通高等学校招生学生入学身体检查取消乙肝项目检测有关问题的通知》为基本依据，如考生因所患疾病无法完成学业或对完成专业学习和其他学生有严重影响者，学校将不予录取。鉴于语言学习的特殊性，要求考生双耳听力范围均不低于3米，不能有口吃等言语障碍。

第四章 招生计划

第十二条 学校根据事业发展、办学条件、生源质量、毕业生就业状况等情况，科学编制分省分专业招生计划，报北京市教育委员会和教育部审定后，由各省级招生考试机构向社会公布。

学校预留计划不超过招生总计划的1%，用于调节各省（自治区、直辖市）报考我校上线生源不平衡问题。

第十三条 2022年学校面向全国30个省（自治区、直辖市）招生。北京市"外培计划""双培计划"在北京提前批次招生。

第五章 录取规则

第十四条 学校本科招生录取工作在教育部领导和各省（自治区、直辖市）招生委员会统一组织下进行，执行教育部规定的"学校负责，招办监督"的录取原则。

第十五条 以考生参加全国普通高等学校统一招生考试的成绩及志愿为主要依据，德、智、体、美、劳全面考核、综合评价，择优录取。

第十六条 在实行平行志愿投档的批次，学校调阅考生档案的比例原则上不超过招生计划的105%，符合我校招生条件并且服从专业调剂的考生进档不退；在实行顺序志愿投档的批次，学校调阅考生档案的比例原则上不超过招生计划的120%。对有明确投档比例规定的省（自治区、直辖市），学校执行省（自治区、直辖市）有关规定。

第十七条 学校根据在各省（自治区、直辖市）的招生计划、志愿数量、高考报名模式等具体情况，按总分排序、综合考察，参考相关科目成绩进行录取。

学校在专业录取时不设专业志愿级差，采用分数优先原则录取。

对于内蒙古自治区考生，学校实行招生计划1:1范围内按专业志愿排队录取。

所有专业录取均参考外语单科成绩。其中北京市"外培计划"专业要求外语单科成绩达到 120 分及以上，其他专业外语单科成绩需达到 90 分及以上。我校对所有省份考生均不做高考外语口试及听力单独要求。

北京市"双培计划"金融学专业要求数学单科成绩达到 110 分及以上。

第十八条 在高考实考分数相同的情况下，依次优先录取有政策性加分的考生、高考相关科目分数高的考生。相关科目分数比较顺序为：依次参考外语、语文、数学成绩。

第十九条 对享受政策性加分的考生，按考生所在省级招生主管部门的规定加分投档，投档后以实际考分进行录取。

第二十条 对于实行高考综合改革试点的省市，根据各省市招生工作文件要求和我校选考科目要求择优录取。

第二十一条 录取最终结果以各省级招生主管部门公布为准，考生可登录学校本科招生网站查询。

第二十二条 凡被学校录取的考生，须在规定期限内报到。未按期报到又未向学校提出延期申请的学生，将视为自行放弃入学资格，一切后果由学生自负。

第二十三条 新生入校后，学校将进行全面复查，对不符合条件或有徇私舞弊、弄虚作假等行为者，将取消其入学资格，并报考生所在省教育主管部门备案。

第六章 收费标准及资助政策

第二十四条 学费及住宿费收费标准：

学费－外语类本科 5000 元／年人、非外语类本科 4200 元／年人。（如有变动以北京市批复为准）

住宿费－住宿费及住宿安排以录取通知书通知内容为准。

第二十五条 资助政策：学校为家庭经济困难的大一新生设立绿色通道，确保每一名学生顺利入学，并为经济困难学生在学期间提供校内勤工助学岗位。学生在学期间有机会获得国家奖学金、国家励志奖学金、国家助学金、校级奖学金和企业奖助学金等多种奖励和资助。对赴西部边远地区就业的家庭经济困难学生，设有相应专项资助。对确有特殊经济困难的学生，酌情给予适当减免学费。

第七章 附则

第二十六条 学校未委托任何中介机构和个人代办招生事宜，有关招生录取工作请直接与学校招生部门联系。

招办电话 – 010 — 65778007（含传真）；

监督电话 – 010 — 65778594；

招办邮箱 – ewzs@bisu.edu.cn。

第二十七条 本章程自公布之日起实行。学校以往有关招生工作的政策、规定如与本章程相冲突，以本章程为准。如遇国家或生源省份政策调整，学校将制定相应的录取政策，并另行公布。

第二十八条 本章程由学校本科招生办公室负责解释。

附录 7　英语学院

英语学院是北京第二外国语学院最早创建的外语院系之一

英语学院（前身是英语系）创建于 1964 年，英语专业是北京第二外国语学院的首批专业，获批"双万计划"国家级一流专业、教育部特色专业、北京市重点建设学科和北京市品牌建设专业，在教育部英语专业评估中被评为优秀，北京市本科英语专业评估第一名。现有英语专业（人文交流、英语教育）和商务英语专业（国际文化贸易）两个本科专业。

培养特色

英语专业锚定学校高水平特色大学发展定位，积极探索新文科背景下的人才培养模式，建构"十大育人"体系，推进"三全育人"新格局，强化顶层设计，凝练英语及商务英语两个特色专业，着力建设国别与区域研究、国际文化贸易等新领域。以立德树人为宗旨，语言与文化交融，知识与能力并举，以培养国家外事外交、国际文化交流等所需的"国际化、创新型、高水平"高端英语人才为根本任务，致力于建成"国内一流、国际上有重要影响"的高端英语人才培养与科研创新基地。

国际交流

英语学院每年选派学生前往美国、英国、澳大利亚、丹麦等国家进行交流学习，与美国加州大学圣地亚哥分校、河滨分校、伯克利分校、北亚利桑那大学、阿巴拉契亚大学、印第安纳州立大学，英国中央兰开夏大学、密德萨斯大学、朴次茅斯大学、斯旺西大学，澳大利亚昆士兰大学，丹麦哥本哈根大学等著名高校开展多种类型的交流学习项目。

2022 年招生专业介绍

英语（人文交流、英语教育） 融英语语言学习、人文交流与英语教育于一体，立足于服务双奥首都北京的国际交往中心建设和国家"一带一路"发展倡议，适应全球化发展进程，旨在培养学生扎实的语言基础、深厚的人文底蕴、灵活的教育实践能力以及创新思维模式，有助学生成为胜任国际人文交流、国际传播、英语教育等工作的高级英语专门人才。

商务英语（国际文化贸易） 发挥我校外语专业及应用经济学专业特色的优势，依托宽口径、多学科交叉的课程体系，形成"英语+商务+跨文化沟通"特色培养模式，旨在培养学生建立经济学、管理学知识体系以及掌握国际商务专门技能，助力学生成为熟悉国际文化贸易规则、满足国家所需的复合型、国际化、创新型、高层次外语商务专业人才。

学生就业

近年来，英语学院一直保持97%以上的就业率。毕业生深受国家机关、外贸单位、金融机构、高等院校、新闻媒体等各类企事业单位的欢迎。2019届毕业生就业率达99.55%，2020届毕业生就业率达97.57%，2021届毕业生就业率达97.44%。新冠肺炎疫情前，约30%的毕业生前往美国、英国、加拿大、澳大利亚等国家留学深造。

30%
毕业生留学深造比例

NO.1
2017年在北京市市属高校英语专业评估中荣膺第一名

99.55%
2019届毕业生就业率

97.57%
2020届毕业生就业率

97.44%
2021届毕业生就业率

附录8 日语学院

日语专业创建于1964年,是教育部第一批特色专业建设点

日语专业创建于1964年,是"双万计划"首批国家一流专业,教育部第一批特色专业建设点、北京市特色专业建设点、重点建设学科和品牌专业。现有教师39人,其中特聘教授、教授共11人,副教授16人,日籍专任教师1人,外聘日籍专家1人。从专家、学者到大使、部长、国务委员,杰出校友遍及海内外。

培养特色

日语专业以培养"新外语、国际化、复合型"专业人才为目标、"本硕博体系化"翻译人才培养为特色、拥有"专硕学硕"分类培养的研究生培养体系。其中,本科人才培养中所打造的"日语(人文交流)""日语(同声传译)""日语(漫画文创)"的专业特色和国际化全覆盖培养尤为受关注。

国际交流

学院为学生提供丰富的海外学习及交流机会,现与30余所海外大学及院所开展多层次的国际合作与交流。其中,既包括国际排名靠前的大阪大学、名古屋大学、广岛大学、早稻田大学、上智大学、明治大学、关西学院大学、美国纽约州立大学宾汉姆顿分校等,也包括名城大学、樱美林大学、京都艺术大学、京都外国语大学等日本国内著名高校。就学、就业、升学呈人才培养国际化全覆盖模式,学生在校期间拥有100%留学机会,年出国率达50%以上,其中公费占比超过50%。优势项目:本科2+2双学位;3+1专向联合培养;本硕连读;专·学硕1+2双学位;硕博连读、博士双培项目等。

2022 年招生专业介绍

日语（人文交流） 始于建校年，承载着日语专业的传统与底蕴，历经从专注外语到注重人文、学习与创新素养的培育。以培养通晓中外文化、具备专业学术素养、具备综合解决问题的能力、具备实现跨文化有效沟通能力的人才为目标。除语言类课程外，课程类别涵盖日本文学、文化、经济、政治等知识型，跨文化理解与沟通、批判性思维等素养类，国际化事务、外语商务谈判等实践类课程。本科学习结束后，能继续升学留学深造，也能胜任国际化企业和国际性组织相关人文交流工作。

日语（同声传译） 2005 年开设的优势特色专业方向，旨在对有志于从事外事外交口笔译事业的学生进行专业性培养。通过训练日汉双语能力、逻辑思维能力、信息解析能力与跨文化沟通能力，打下坚实的中日口笔译专业基础。培养能够胜任各行业翻译工作，以及从事国家外事外宣、经贸、文化、教育等领域的中日人文交流、对日传播等高层次语言服务人才。

日语（漫画文创） 2019 年新设特色专业方向，依托北京漫画学会构建中日高校漫画学联合教育机制。本专业的亮点是以国家级高端领军人才、科研院所、实体工作室为引领，实行"学·研·产一体化"特色人才培养模式及"双证"（日语语言文学毕业证+CCPT 高级别合格证）模式。在培养基础语言能力的同时，以增强学生人文、艺术素养为目标，培养以跨文化交流外语能力、文创策划与剧本编著能力、漫画实操及创意设计能力、漫画学基础研究能力为核心的中日文化交流应用·研究型人才。成绩优异者可赴日本合作大学留学，同时有机会攻读该大学关联专业硕士和博士学位。

50%
每届在校学生出国率

30+所
与 30 多所大学开展国际交流与合作

学生就业

学生近五年一次就业率 100%。就业单位包括国家机关（如外交部、商务部、安全局、海关）、高校、

100%
近五年一次就业率

金融机构、新闻媒体、出版社、日企等，约 50% 的毕业生进入日本东京大学、清华大学等国内外著名学府深造。在创业就业方面，可胜任从外事外交到经贸文化、科学技术、文化创意等多行业的跨文化交流工作，包括同声传译等职业性、专业性较高的工作。

附录 9　亚洲学院

亚洲学院现有朝鲜语、印地语、越南语、泰语、印度尼西亚语等专业，另设有东亚文化研究中心、印度研究中心

亚洲学院现有朝鲜语、印地语、越南语、泰语、印度尼西亚语五个本科专业以及亚非语言文学和朝鲜语口译两个研究生专业，其中朝鲜语专业为"双万计划"国家级一流本科专业建设点。学院拥有一支教学经验丰富且具有较高教学科研水平的师资队伍，专任教师 100% 具有赴国外讲学、研修的经历，常年聘请国外著名大学的外籍专家参与教学。现有专任教师 17 人，其中教授 4 人、副教授 3 人、外籍专家 4 人。

培养特色

以培养国际化、复合型、高层次、应用型的中外人文交流人才为根本任务，注重培养学生的语言能力、翻译能力以及跨文化交流能力，积极服务于国家战略和首都"国际交往中心"建设，服务于中外人文交流。

国际交流

亚洲学院与韩国外国语大学、韩国庆熙大学、东亚大学、梨花女子大学、国民大学、中央大学、忠北大学、大邱大学、釜山外国语大学、朝鲜金日成综合大学、印度索迈亚大学、金德尔国际大学、中央印地语学院等 10 余所知名院校建立了友好的交流关系，为在校生创造了出国留学机会，每个年级均有 85% 以上的学生公派赴韩国、朝鲜、印度等国家学习一年或半年。

2022 年招生专业介绍

朝鲜语（人文交流） 朝鲜语专业设立于 1972 年，2020 年入选国家级一流本科专业建设点。现有教师 12 人，其中教授 4 人、副教授 2 人、外教 2 人。

现设本科、硕士研究生两个办学层次，硕士研究生分为学术学位研究生和翻译硕士专业学位研究生。学生均可获得公费或自费出国访学交流的机会。目前北京第二外国语学院已成为国内培养朝鲜语（韩国语）人才的重要院校之一，已为国家输送了大批优秀的人才。

越南语 越南语专业设立于2022年，是我校重点扶持的非通用语种专业。现有教师3名，其中外教1名。专任教师均具有海外留学经历。本专业旨在培养具有扎实的语言能力和较强的跨文化交际能力以及具备一定的研究能力和创新能力的越南语专业人才，积极服务于国家和首都发展需求，服务于中越人文交流和经贸合作。越南语专业重视国际化建设，学生均有机会申请中方、越方奖学金项目出国交流学习。

100%
专任教师具有赴国外讲学、研修的经历

85%⁺
学生公派赴韩国、朝鲜、印度等国家学习一年或半年

10余所
与10余所知名院校建立了友好交流关系

学生就业

亚洲学院毕业生主要就职于外交部、中宣部、公安部、安全局、海关、中央电视台、高校等政府机关和事业单位，涉外企业、旅游企业等。就业层次较高，就业率一直保持在100%。

附录 10 欧洲学院

欧洲学院发挥整合优势，促进多学科专业的交叉融合发展，加强国别区域研究，服务国家战略和首都需求，培养"多语种复语、跨专业复合"的具有国际视野、家国情怀的高层次、应用型人才

18+2个
18个欧洲语种本科专业和2个辅修课程

4+2个
4个二级学科硕士学位授权点和2个翻译硕士专业学位领域

89所
与世界89所高等院校建立了校际友好交流关系

7个
国别研究中心

欧洲学院拥有俄语语言文学、德语语言文学、法语语言文学、西班牙语语言文学4个二级学科硕士学位授权点和俄语口译、德语口译2个翻译硕士专业学位领域，并与高级翻译学院联合培养翻译硕士法语口译（中英法复语）、西班牙语口译（中英西复语）2个领域硕士研究生。学院有18个欧洲语种本科专业（附后）、12个中东欧国家非通用语种七年制北京市高端技术技能人才贯通培养试验项目；另设有白俄罗斯研究中心、秘鲁文化研究中心、波兰研究中心、奥地利研究中心、匈牙利研究中心、陀思妥耶夫斯基研究中心、巴拿马研究中心等研究机构。

欧洲学院教学涵盖研究生、本科生和贯培生三个培养层次，现有在校生1620人，教职工110人，其中专任教师93人，均具有海外学习或工作经历，教授、副教授占比38.46%，另常年聘请来自海外22个国家40名外籍教师及国内外知名专家、学者担任名誉教授、客座教授，现聘有斯洛文尼亚共和国副总理兼教育、科学及体育部部长热内·皮卡洛先生，外交部中国—中东欧合作事务特别代表、中国前驻捷克、罗马尼亚大使霍玉珍女士，旅匈作家、翻译家余泽民先生等。

欧洲学院18个本科专业：俄语、德语、法语、西班牙语、意大利语、葡萄牙语、波兰语、捷克语、拉脱维亚语、匈牙利语、爱沙尼亚语、立陶宛语、塞尔维亚语、罗马尼亚语、阿尔巴尼亚语、保加利亚语、斯洛文尼亚语、斯洛

伐克语；另有白俄罗斯语、克罗地亚语（辅修）。2022年10个本科专业招生：俄语、德语、法语、西班牙语、意大利语、葡萄牙语、波兰语、匈牙利语、阿尔巴尼亚语、保加利亚语。

培养特色

在传承和发扬二外优秀传统的基础上，欧洲学院进一步发挥整合优势，促进多学科专业的交叉融合发展，加强国别区域研究，服务国家战略和首都需求，培养"多语种复语、跨专业复合"的具有国际视野、家国情怀的高层次、应用型人才。

毕业生凭借扎实的语言功底和跨文化沟通能力服务于外交、经贸、新闻、国防、旅游、教育、文化等领域，任职于外交部、贸促会、国务院发展研究中心、新华社、中央电视台、中国国际广播电台、中工国际等国家部委或企事业等单位，并逐渐成长为单位的骨干力量、知名学者、成功的企业家，其语言能力、知识水平、综合素质得到了用人单位的广泛好评。

国际交流

学院充分发挥多语种优势，大力开展国际交流与合作，具有鲜明国际化特色。目前与27个国家和地区的89所高等院校建立了校际友好交流关系，每年均有大批优秀学生获得国家留学基金委奖学金、北京市贯培项目、澳门基金会全额奖学金或校级互换奖学金项目的资助，前往合作院校交流学习。境外主要合作院校：俄罗斯莫斯科大学、莫斯科国际关系学院、圣彼得堡国立大学、喀山联邦大学；白俄罗斯明斯克国立语言大学；德国美因茨大学、埃森大学、比勒菲尔德中型企业应用技术大学；法国巴黎第一大学、巴黎高等翻译学院；西班牙阿尔卡拉大学；秘鲁圣伊格纳西奥·德·洛约拉大学（USIL）；墨西哥维拉克鲁斯大学；葡萄牙米尼奥大学、科英布拉大学；澳门理工大学；意大利锡耶纳外国人大学、米兰圣心天主教大学；波兰哥白尼大学；捷克查理大学；拉脱维亚里加理工大学；匈牙利罗兰大学、德布勒森大学；爱沙尼亚塔尔图大学、塔林大学；立陶宛维尔纽斯大学；塞尔维亚贝尔格莱德大学；阿尔巴尼亚地拉那大学等。

2022年招生专业介绍

德语

德语专业创建于1964年，是学校建制最早的专业之一，北京市级特色专业建设点（2009年），国家级一流本科专业建设点（2020年）；现有教师19人，其中教授2人、副教授3人、外教2人，中国教师均具有海外留学背景。本专业与德国多所大学保持着良好的校际交流关系，每年选拔20名优秀学生赴德国交流学习。学生就业情况良好，就业层次较高。

俄语

俄语专业创建于1964年，是学校建制最早的专业之一，北京市级特色专业建设点（2008年），首批国家级一流本科专业建设点（2019年）；现有教师18人，其中教授6人、副教授3人、外教3人，中国教师均具有海外留学背景。本专业毕业生服务于外交、新闻、国防、旅游、科研、教育、文化等人文交流及经贸合作领域。

西班牙语

西班牙语专业创建于1964年，是学校建制最早的专业之一，国家级一流本科专业建设点（2020年）；现有教师20人，其中教授1人、副教授6人、外教3人，中国教师均具有海外留学背景。本专业是全国西班牙语专业人才的重要培养基地之一，在全国西班牙语教学界获得良好口碑。西班牙语专业下设人文交流和旅游休闲两个方向，学生在大三按照个人意愿进行选择，不足10人不开班。

法语

法语专业创建于1964年，是学校建制最早的专业之一，现有教师19人，其中高级职称8人、外教3人，中国教师均具有海外留学背景。学生通过语言基础和技能课程的学习，提高法语语言交流能力；通过跨文化交流、经济与管理等课程的学习，提高口、笔语翻译技能，加强对中国与法语国家与地区文化、经贸等领域交流的了解，成为中国与法国、中国与其他法语国家和地区的人文交流、经贸合作等领域的专业人才。

保加利亚语

保加利亚语专业始建于1965年，复建于2017年，现有中外教3人，其中中国教师具有海外学习经历。按照教学安排，保加利亚语学生在大二或大三具有赴保加利亚留学的机会。复建后的首届本科生有8人获得国家留学基金委的公派留学资格。保加利亚语专业学生积极参加国内外各类大赛，在国内举办的首届保加利亚语演讲比赛、在保加利亚举办的国际翻译大赛中屡创佳绩，在"中保译路"国际翻译大赛中我校学生与保加利亚本土译者同台竞技，成为唯一一名获奖的中国选手。保加利亚驻华大使、保加利亚高校知名学者、保通社记者曾到访二外或做讲座。本专业旨在培养符合国家各领域战略发展需求、具有扎实外语功底、融合跨专业知识、具有家国情怀的复合型、高层次外语人才。

葡萄牙语

葡萄牙语专业创建于2005年，是北京市级一流本科专业建设点（2020年），现有教师9人，其中高级职称1人、外教2人，中国教师均具有海外留学背景。本专业致力于培养具备扎实的葡萄牙语语言文化基础，并能熟练使用葡萄牙语进行经贸交流工作的国际化、复合型、高层次人才。自专业建设以来一直具有高就业率和就业质量。

匈牙利语

匈牙利语专业始建于1964年，复建于2015年，现有教师5人，其中特聘教授1人、外教1人，中国教师3人均具有海外留学背景。本专业致力于培养精通匈牙利语、熟悉匈牙利国情和文化、有中国情怀和国际视野的复合型人才。专业复建以来共有两届毕业生，均有良好就业表现，就业去向包括国家部委、高校匈牙利语专业、银行、跨国公司等。

意大利语

意大利语专业创建于2006年，现有教师6人，其中外教1人，中国教师均具有海外留学背景。本专业以专业语言知识为重点，以语言学、翻译学、跨文化交际学等学科为基础，依托全新的教学理念和先进的教学设备，小班教学，设置语言核心课程并辅以文化特色课程，全力培养适应社会发展的高素质人才。

波兰语

波兰语专业始建于 1965 年，复建于 2015 年，现有教师 3 人，其中外教 1 人，中国教师均具有海外留学学位。按照教学安排，波兰语大三学生有机会赴波兰留学一年。复建后首届大三学生有 18 人赴华沙大学留学一年，其中 7 人喜获中国国家留学基金委奖学金。复建后第二届大三学生有 16 人赴哥白尼大学留学一年，其中 4 人喜获中国国家留学基金委奖学金。复建后首届本科毕业生有 1 人进入中国国际贸易促进委员会工作，10 人考入波兰的硕士研究生专业深造，其中 4 人喜获中国国家留学基金委奖学金。复建后第二届本科毕业生有 7 人考入波兰的硕士研究生专业深造，其中 5 人喜获中国国家留学基金委奖学金。本专业受到波方重视。波兰共和国外交部部长、驻华大使、哥白尼大学校长、副校长、华沙社会科学与人文大学副校长、波兰主流媒体《共和国报》记者代表等波方贵宾和专家曾到二外访问或讲座。

阿尔巴尼亚语

阿尔巴尼亚语专业创建于 1965 年，是学校建制较早的专业之一。由于学科调整停止招生后，学校于 2017 年恢复设立阿尔巴尼亚语专业。现有教师 3 人，其中副教授 1 人、外教 2 人，中国教师具有海外留学背景及部委工作经验。按照教学安排，阿尔巴尼亚语大三学生可申请赴国外留学一年。本专业旨在培养具有国际视野和家国情怀，德、智、体、美、劳全面发展，适应我国社会经济发展需要，在外事、经贸、文化等部门从事与阿尔巴尼亚语相关教学、翻译等工作并具有一定研究能力的"多语种复语，跨专业复合"的阿尔巴尼亚语应用型人才。

附录 11：中东学院

中东学院是全国规模最大的中东学院和中东学人才培养基地

中东学院前身为 1964 年开设的阿拉伯语专业，是全国规模最大的中东学人才培养基地、全国党建标杆院系。现有阿拉伯语、波斯语、希伯来语、土耳其语四个专业，其中阿拉伯语专业是教育部最早确定的七个阿拉伯语专业之一，是"双万计划"国家级一流专业，波斯语专业为"双万计划"北京市一流专业。学院现设有本—硕—联合培养博士三个层次。学院现有中外籍教师共 30 人，特聘教授 2 人，客座教授 7 人。学院致力于构建高水平外语复合型应用人才和中东学跨学科研究型人才培养体系。

培养特色

学院实施"多语种复语，跨专业复合"的课程方案，建立"课程标准化、测试标准化、域外培养标准化与创新融合"在内的"三标一创"教学模式，坚持全员、全程和全方位的"三全育人"培养路径，瞄准中国与中东国家合作需求，培养在外交外事、经贸旅游、人文交流等领域具有语言转换力、国际胜任力、专门研究力的应用型人才。

国际交流

学院与国外多所高校保持良好的合作关系，与美国、英国、埃及、摩洛哥、伊朗、土耳其、以色列等国的知名高校和科研机构建立了长期友好交流关系。通过国家留学基金管理委员会资助项目、校际交流合作项目、中非高校"20+20"项目、孔子学院志愿者项目等途径派出学生前往对象国家留学实践，国际交流比例 80% 以上。

2022 年招生专业介绍

阿拉伯语 阿拉伯语专业成立于 1964 年，是"双万计划"首批国家级一流专业、教育部阿拉伯研究中心依托专业、中东学院支柱专业。现有中外教师 20 余人，博士比 76.5%；高级职称比 45%，海外进修率 100%。学生在校学习期间均有机会获得公费或自费出国访学机会。阿拉伯语专业下设人文交流、旅游休闲、中东外交三个方向。学生在三年级按照个人意愿进行选择，不足 16 人不开班。

学生就业

学院招生 40 余届，近两千人，多人担任大使、首席记者、译审、教授等职，是我国外事、外交和外贸的重要力量。多年就业率保持 100%，具有层次高、专业契合度高、薪酬高的特点。每年均有毕业生进入外交部等国家部委及新华社、中央广播电视总台等事业单位，多数就职于大型国企或外企，亦有相当比例赴北京大学等国内外知名学府深造。

7 位
共和国大使

10 所
与 10 所大学建立了友好校级交流关系

100%
近五年就业率

附录12 高级翻译学院

高级翻译学院于2013年加入国际大学翻译院校联盟（CIUTI）

高级翻译学院成立于2006年，2007年开始招收本科生，2008年开始招收翻译硕士研究生（MTI）。高级翻译学院于2013年加入国际大学翻译院校联盟（CIUTI）（全国共有5所高校加入），并依托该平台开展丰富的国际学术交流活动。翻译本科专业于2017年获评"北京市属高校首批一流专业"（全市共27个），2019年入选"省级一流本科专业建设点"，2021年入选"国家级一流本科专业建设点"。

学院目前有多个办学层次：包括翻译本科专业（中英西、中英法、中英俄、中英阿复语方向）、翻译硕士（MTI，口译与笔译方向）和翻译博士研究生项目（与美国宾汉姆顿大学联合培养）。

2019年成立中国公共政策翻译研究院（首都公共政策翻译研究中心），服务国家与首都公共政策翻译，填补了国内公共政策翻译的空白。

2019年获批成立"中国英汉语比较研究会语言服务研究专业委员会"（国家二级学会）。

学院目前在校生约500人，中外教职员工30人。学院师资队伍中，7位教师具有高级职称（含翔宇领军学者1人，北京市高层次人才计划1人），18名教师拥有博士学位或正在攻读博士学位。

学院教师教学、科研、实践并重。多次承担党和国家领导人外事会见的口译任务、国家重要文件的笔译工作；承担包括国家社会科学基金项目重点项目在内的多项科研任务等。

培养特色

翻译专业的培养目标培养"有思想的译者"——即具有广阔的国际视野、良好的翻译技能、优秀的对外文化传播能力的高素质语言服务人才。在提升学生语言功底、文化修养和跨文化交流能力的同时，注重培养学生汲取知识、思辨创新、分析解决问题的能力，使学生能够胜任外交、外事、国际文化交流、对外文化传播等部门的口笔译工作。

应用型学院与业界保持密切联系，是"语言大数据联盟"的发起单位之一。专业教师队伍口笔译实践经验丰富，课堂教学充分体现实战化特色。此外，学院还长期邀请联合国及分支机构、外交部翻译司、中国翻译协会、中国对外翻译公司等业界专家来校讲学。鼓励学生参与各类学科竞赛，目前已有60余名学生获得各级别学科竞赛奖项。2021年学院承办第三十三届韩素音国际翻译大赛。

"产学"密切结合的培养模式学院与阿里云深度合作共建一流专业，学院与中国外文局共建北京市校外人才培养基地，与中国对外翻译出版社公司、北京市外事办公室翻译中心、北京市外事办公室、华为翻译中心、中国日报网、传神语联网、中译语通科技有限公司等多家单位建立校外实践教学基地，并组织学生参加各种国际会议、大型活动的语言服务。

国际交流

学院于2013年加入国际大学翻译院校联盟（CIUTI）（全国共有5所高校加入），并依托该平台开展丰富的国际学术交流活动。

学院常年聘请国外知名专家讲学，并定期选派品学兼优的学生参加校际交流、学术研讨、实习实践活动等。

学院与美国明德大学蒙特雷国际研究学院、美国宾汉姆顿大学、英国斯旺西大学等8所国外知名高校建立合作关系并开展实质性合作。

学院与美国明德大学蒙特雷国际学院合作开展"3+2"本硕贯通项目——学生大四时以非学位生身份赴蒙特雷攻读相应硕士项目的一年级课程。该年获得的学分可以转回二外做毕业学分认定，也可用于累积蒙特雷硕士课程的学分。学生第二

2个
国家级/北京市
一流本科专业

2所
业界特色组织

年以学位生的身份攻读相应硕士项目二年级的课程，达到蒙特雷规定的毕业要求后可以获得蒙特雷的硕士学位。

学院与美国明德大学蒙特雷国际学院合作开展大四"推荐生"计划——学生在大四下学期时可以参与蒙特雷推荐生计划。参加该计划的学生经院长推荐，可以免除面试与申请费。

2022年招生专业介绍

翻译学院2022年招生专业包括四个方向：

- 翻译专业（中英法复语方向）
- 翻译专业（中英西复语方向）
- 翻译专业（中英俄复语方向）
- 翻译专业（中英阿复语方向）

专业培养特点：

- 多语种、宽口径、个性化的人才培养——既掌握两门外语，又掌握翻译技能；参与国际交流计划。
- 行业实践——深度参与知名企业和国际组织的实习实践，感受业界前沿发展。

学生就业

学生直接就业、考研和留学率达100%。

就职单位主要包括：外交部、中联部、商务部、国家安全部、中国外文局、新华社、北京市外办、阿里巴巴等。目前已有多名学生通过外交部高级翻译遴选考试进入外交部工作。

毕业生留学的高校主要包括：哈佛大学、耶鲁大学、巴斯大学、哥伦比亚大学、纽约大学、霍普金斯大学、美国明德大学蒙特雷国际研究学院、多伦多大学、伦敦大学、杜伦大学等。

毕业生国内读研的高校主要包括：北京大学、厦门大学、北京师范大学、北京外国语大学、上海外国语大学等。

优秀毕业生：高级翻译学院 2016 届毕业生张胜男入围全球罗德奖学金最终候选名单，被哈佛大学录取。高级翻译学院 2017 届毕业生邵诗立同时被耶鲁大学、哈佛大学、哥伦比亚大学、杜克大学等多所名校录取，成为多年来首位被耶鲁大学法学院 JD 项目直接录取的中国大陆本科毕业生。

附录 13　旅游科学学院

旅游科学学院源于 1979 年中国旅游干部培训班

北京第二外国语学院旅游学科始于 1979 年中国旅游干部管理培训班，历史悠久，积淀深厚。1981 年组建旅游系，1999 年成立旅游管理学院，2018 年原旅游管理学院、酒店管理学院、会展管理系整合组建为现"旅游科学学院"，设旅游管理、酒店管理、会展经济与管理（人文地理与城乡规划专业自 2021 年起调整为"旅游管理—旅游规划与开发"方向）3 个本科专业，在培养"中西融汇、文理复合"的文旅产业领军人才。

3 个本科专业和 3 个研究生专业均通过世界旅游组织旅游教育质量（WTO-Tedqual）最高等级认证，旅游管理、酒店管理分别获第一批和第二批教育部"双万计划"一流本科专业、北京市高精尖学科、北京市特色专业，旅游管理教学团队入选首批教育部"黄大年教学团队"。2021 年软科中国最好专业旅游管理专业排名第 4，酒店管理专业排名第 3。拥有多名北京市教学名师、长城学者、青年拔尖学者等。拥有全国大学生红色旅游创意策划大赛、中国旅游青年论坛、旅游发展北京对话等多个优质旅游品牌。拥有 3 个省部级研究基地，服务社会能力突出，与文化和旅游部等 50 多个政府机构、行业协会、文旅及互联网头部企业建立了合作关系。

培养特色

学院充分发挥语言＋产业优势，创新性开展以"多语种复语，跨专业复合"为特色的人才培养，高度重视专业与外语融合。培养方案中内嵌有 42 学分的专业必修英语课程，在此基础上，学生还可以进行其他语种的选修，进行专业＋外语的复合培养。学院 2016—2019 级超过 20% 的学生进行外语类专业复合，并集中于日语、法语、西班牙语三个专业。大学英语六级通过率 90% 以上，50% 的学生通过专四和专八考试。

国际交流

学院国际化特色鲜明,与世界旅游组织(UNWTO)、亚太旅游协会(PATA)等国际组织以及美国康奈尔大学、南卡罗来纳大学、佛罗里达大学、普渡大学、乔治·华盛顿大学、澳大利亚昆士兰大学、格里菲斯大学、英国萨里大学等10余所海外院校建立合作关系。本科生年均出国率达20%、境外升学率近30%。每年招收近50名国际留学生硕士,是全国最早开展全英文授课的留学生项目,是我国选派赴"一带一路"国家对口支援的主要院校,旅游教育国际输出全国第一。与乌兹别克斯坦共同筹建"丝绸之路旅游大学"。众多毕业生在世界旅游组织、世界旅游城市联盟、国外旅游局和旅游跨国公司等国际机构担任高管。我院提倡科研驱动式教学,教师中9人长期担任 Annals of Tourism Research、Tourism Management 等旅游领域顶级国际期刊编委,近年来在旅游休闲及工商管理等国际权威刊物发表论文50多篇,承担联合国教科文组织、世界旅游组织等重要国际机构的研究课题10余项。

学生就业

毕业生凭着扎实的专业知识和良好的外语水平及实践能力,受到政府机关(如文化和旅游部、商务部、财政部、北京市房山区文化和旅游局)、国有企业事业单位(如中国旅游集团、北辰集团、中国电信、中央美术学院附属实验学校)、国内外文旅企业(旅游景区咨询开发、旅游规划设计、旅游电子商务、国内外大型酒店、地产及健康服务企业)、大型会展企业(励展博览集团、国家会议中心、中青旅等)、金融企业及咨询公司(中国银行、中国工商银行、招商银行、普华永道、安永华明)、互联网及人工智能企业、行业协会和国际组织等管理岗位的青睐。近年来毕业生升学

3+3个
3个本科专业(旅游管理、酒店管理、会展经济与管理)和3个研究生专业(旅游管理、饭店管理、会展管理)均通过世界旅游组织旅游教育质量最高年限认证

2个
教育部批准的国家级双一流专业建设点(旅游管理、酒店管理)

1个
北京市唯一一个以二级学科获批的高精尖学科

和留学的比例逐年增加，继续在北京大学、中国人民大学、复旦大学、中山大学、北京师范大学、北京外国语大学、斯坦福大学、康奈尔大学、哥本哈根大学、曼彻斯特大学及昆士兰大学等国内外知名学府攻读硕士及博士研究生。近三年平均就业率接近98%。

2022年招生专业介绍

[旅游管理专业]

旅游管理（旅游经济战略与管理） 基于服务国家发展战略和北京市四个中心定位，发挥学校国际语言学科优势，重点关注旅游经济战略与管理领域，包括旅游企业跨国投资经营与管理、旅游供给与目的地管理、旅游需求与客源地管理、旅游投资与开发、旅游新业态等。重点与国际旅游组织、外国（"一带一路"为主）政府、旅游行业协会、旅游企业、国内外重点旅游高校合作，培养复合高层次管理和研究型人才。未来毕业生就业方向包括旅游组织、旅游行业协会、文化和旅游部及地方政府部门、大型旅游集团与企业，以及通过国内外研究生（硕士、博士）阶段学习进入学术研究领域。

旅游管理（文化旅游与遗产管理） 该方向基于文化和旅游深度融合发展的趋势，重点关注国家文化旅游政策、文化旅游产业创新、地方和国家文化复兴、国家文化公园建设、文化遗产保护和利用、国际文化旅游战略合作等领域，与国家文化和旅游部、国际组织、外国（"一带一路"为主）政府、国内行业协会和国内外知名高校合作，培养高层次的管理和研究型人才。毕业生就业方向包括国际组织、全国性行业协会、地方政府部门、大型国有旅游（投资）集团，以及通过国内外研究生（硕士、博士）阶段学习进入学术研究领域。

旅游管理（商业数据分析） 着眼旅游业在技术背景下的深刻行业变革，特别是在移动互联网、大数据、人工智能、5G技术下所产生的新型人才需求。培养具有旅游行业商业数据分析与新媒体平台运营能力的高技术"互联网＋旅游"人才。未来毕业生就业去向包括在线旅游企业的数据分析与运营职位，以及文化和旅游信息化相关岗位。近年来本方向多数毕业生进入国内外知名高校商科数据分析相关专业深造，或进入知名在线旅游平台企业工作。

旅游管理（旅游规划与开发） 本专业方向设立于 2014 年，是全国最早设立旅游规划与开发方向之一，依托北二外旅游管理高精尖学科与优秀的旅游规划师资团队，该专业方向遵循宽口径、高起点、厚基础、重应用原则，旨在培养具有国际视野、科研创新、产业实操能力的复合型旅游规划与开发精英人才。就业方向为各级政府的文旅、涉旅等部门，规划与投资开发咨询、文旅集团等企事业单位；报考旅游管理、地理学、城乡规划等学科的研究生，深造硕士、博士学位。

[酒店管理专业]

酒店管理（数字化运营与管理、健康产业管理方向） 数字化运营与管理方向响应数字经济时代，数据驱动的运营和管理在酒店等服务业领域对相关人才的迫切需要，旨在培养具备数字化思维和国际视野、擅长将数据分析应用于企业开发与投资、产品与服务、人力资源、市场营销和供应链等运营管理领域，能够适应数字化时代变革的创新型高端管理人才。毕业生可在国内外酒店与文旅集团、互联网商业平台公司、连锁服务企业、管理咨询公司、数据分析公司、国际组织及政府管理部门就业。健康产业管理方向着眼于"健康中国"战略驱动与人民美好生活向往愿景下该产业快速发展的人才需要，以专业＋外语、人文＋科技、理论＋实践、官产学研"四位一体"双导师的融通培养模式，着力培养具有前瞻广阔的视野、扎实的专业素质、高度的社会责任和良好英语水平的国际化、复合型、高层次专业人才。主要就业方向为康养旅居、休闲度假、旅游酒店、运动体育、公共营养、智慧康养等机构的投资开发、经营管理、数据分析、创意设计等工作，并着力培养学生通过国内外硕士、博士研究生阶段进入该专业方向的研究领域。

酒店管理专业两个方向在本科一二年级不分方向，通开培养。第三年自愿选择数字化运营与管理或者健康产业管理方向继续学习，若某方向选择人数少于 10 人，则该方向不再开设。

[会展经济与管理专业]

会展经济与管理（国际会展与赛事管理） 随着我国主动参与全球治理和北

京持续推进文化中心、国际交往中心的建设，社会对国际化大型活动策划和组织运营的高端人才需求日益迫切。北二外是国内最早一批开设会展专业的高校，学术导师与产业导师的双师组合，培养了一批基础宽、专业强、国际化的会展高端人才。未来毕业生可在会展企业、各类行业协会、事业单位及政府管理部门从事国际展览会、国际会议、奖励旅游、节庆活动和国际体育赛事等会展活动的策划与组织工作，本专业毕业生遍布北京一流会展类公司和行业组织。

附录 14　商学院

商学院秉承"知学求道，修德习商"院训，注重培养国际化和商务实践型人才

秉承"知学求道、修德习商"，学院国际化特色鲜明。2017 年教育部学科评估为"B"，位列同类外语院校工商管理学科第一。学院下设财务管理（国家一流专业）和市场营销（北京一流专业）两个本科专业（下设四个方向），拥有企业管理（市重点建设学科）学术硕士点、会计学学术和专业硕士点（MPAcc）。教师 100% 具有海外经历，博士学位比例达 100%。毕业生 100% 就业，获得英语专业四级或八级证书比例达 50% 以上。

培养特色

以"一流专业"为新一轮发展机遇，财务管理专业（下设 AI 财务和资本量化分析两个方向）以"专业＋大数据＋智能化＋国际化"为特色，培养具备较高外语水平和经营管理能力，熟练掌握智能财务、资本量化分析，具备分析和解决实际财会问题的复合型高端人才；市场营销专业（下设大数据应用和一带一路营销管理两个方向），注重培养学生的人文综合素质，熟练掌握现代营销的先进理论和管理实践，熟练运用大数据和数字新媒体技术，具备高端品牌设计、营销策划和新媒体应用能力的复合型高端人才。

国际交流

学院国际交流特色鲜明：丝绸之路商学院联盟成员单位，与 23 个国家 70 多所高校共享资源；中外学生课堂融合；与美国加州大学伯克利分校、美国密苏里大学堪萨斯分校、英国密德萨斯大学和法国埃塞克（ESSEC）等国际著名高校合作，共建外培、本硕连读、互换生等项目。

2022 年招生专业介绍

财务管理系以专业化＋国际化为特色，下设资本量化分析和 AI 财务两个专业方向；开办本科留学生项目，实现部分课程国内外学生同堂上课；100% 师资有国外留学或访学经历。

专业方向	培养目标	就业方向
资本量化分析	能使用定量分析模型进行财务分析	券商等金融机构
AI 财务	能基于财务共享网络平台进行战略分析	大型企业集团

市场营销系依托北京市重点建设学科，下设大数据应用和"一带一路"营销管理两个专业方向。学生连续 5 年获全球品牌策划大赛金银奖、商科竞赛一等奖。

专业方向	培养目标	就业方向
大数据应用	培养用户画像、数据挖掘、业务数据建模等技能	用户数据市场分析岗
"一带一路"营销管理	培养新媒体营销创新、品牌可视化设计等技能	新媒体广告推广策划岗

学生就业

学生就业率连续 3 年位居全校前列。每年约 30% 学生出国赴约翰霍普金斯大学、纽约大学、杜伦大学、格拉斯哥大学、悉尼大学等世界名校留学深造，部分学生考取北京大学、复旦大学、南开大学、中央财经大学等国内名校研究生。毕业生就业分布于普华永道、安永、汇丰银行等世界著名外资企业以及国投集团、中国工商银行、中国建设银行、京东、字节跳动等国内知名企业。

100%
专职教师有国外留学或访学经历

附录15　经济学院

应用经济学为基础学科，高端服务业为主要研究领域，多学科融合发展

经济学院最早起源于1981年原外经贸部在全国外语院校中第一个设立的对外经济合作专业，后经多次专业和院系调整，形成了目前以应用经济学为基础学科，以高端服务业为主要研究领域，以国际化水平高、多学科融合发展、实践应用能力强为人才培养定位的教学科研单位。学院现有国际经济与贸易（国际服务贸易）、金融学（"一带一路"金融服务）、贸易经济（国际文化贸易）三个本科专业，其中贸易经济（国际文化贸易）为北京市一流本科专业；学院下设应用经济学一级硕士学位授予点，下设产业经济学、国际贸易学、金融学三个学术型研究生专业及国际商务专业学位研究生专业（MIB）。学院在国际文化贸易、国际服务贸易、会展产业研究等领域处于全国领先地位。

培养特色

经济学院是培养国际化高端经济管理和商务人才的重要基地，拥有一支年富力强、学术功底深厚、国际视野开阔、热爱教育事业的专职师资队伍，87%的教师具有博士学位，100%的教师拥有海外深造、访学及学术交流经历，并长期聘请业界具有丰富实践经验的兼职导师提升实践教学能力。专业人才培养依托优势外语教学资源和多元文化环境，坚持"国际接轨、应用导向、强化实践"的原则，走产学研一体化道路。通过全英和双语课堂教学，把专业素质与英语能力培养有机结合。学院拥有配备了先进设备和应用软件的金融模拟实验室及国际商务实验室，学生可以模拟银行存贷与汇兑、外汇交易、证券交易、国际贸易实务等业务，提升实践动手能力。

国际交流

经济学院与美国加州大学伯克利分校、尔湾分校、河滨分校、北亚利桑那大学、北佛罗里达大学、英国密得萨斯大学、澳大利亚昆士兰大学等众多大学建立了交流合作关系，通过短期学习项目、暑期学分项目、实习证书项目、学分交换项目、本科双学位项目、本硕连读项目等，为学生提供多元化的国际化培养机会。

实践活动

经济学院注重学生理论素养和实操能力的全面培养，为学生提供名师讲学、学科竞赛、机构参访、实习实践等多层面实践机会；依托"专业＋外语＋实践"的特色培养模式，有效促进学生素质的全面提升，近年来多次荣获"全国大学生英语竞赛"特等奖、一等奖，"全国大学生数学建模竞赛"北京市一等奖，全国大学生商务谈判大赛一等奖等诸多奖项。

学生就业

近年来经济学院就业率一直保持在98%以上，就业质量高。就业去向主要分布在外交部、商务部、国家体育总局等国家机关，中国建设银行、中国光大银行、中国人寿等金融机构，励展博览集团、英富曼集团、国家会议中心等会展企业；普华永道、安永华明等世界著名外资企业；此外，学院每年大约有三分之一的毕业生考取研究生继续深造，录取机构包括哈佛大学、美国哥伦比亚大学、纽约大学、约翰霍普金斯大学、英国格拉斯哥大学、澳大利亚悉尼大学、北京大学、中国人民大学、复旦大学、对外经济贸易大学、中央财经大学等国内外知名高校。

2022年招生专业介绍

国际经济与贸易（国际服务贸易） 培养系统掌握国际贸易基本理论与专业技能，熟悉国际服务贸易规则和惯例，了解国际服务贸易现象、进展和趋势，具备运用基本国际贸易理论对国际服务贸易问题进行分析的能力，具有较高英语水平的复合型、应用型、国际化创新人才。开设的主要课程有国际贸易实务、国际服务贸易、国际商法、商务谈判等。

金融学（"一带一路"金融服务） 培养系统掌握金融学基础理论和基本技能，理解中外金融制度和市场基本规则，熟练掌握现代金融分析工具和方法，同时具有优秀外语基础、较强社会适应能力和国际交往能力，能胜任银行、证券、保险等金融领域工作的国际化、复合型人才。开设的主要课程有货币金融学、公司金融、国际金融、商业银行经营学、投资学、金融风险管理等。

贸易经济（国际文化贸易） 本专业入选北京市一流本科专业，致力于培养系统掌握贸易经济理论，熟悉通行的国际文化贸易规则、惯例、政策以及相关法规，具备国际视野、宽广知识面、扎实外语水平和沟通能力的从事国际文化贸易实践的国际化、高层次、复合型、应用型的专门人才。开设的主要课程有文化产业经济学、国际文化投融资、国际文化贸易、国别文化研究、文化市场营销学、文化统计学等。

100% 教师拥有海外读书、访学及学术交流经历

1/3 学生考取国内外大学研究生

附录16 政党外交学院

全国高校中唯一以政党外交命名的二级学院

北京第二外国语学院政党外交学院成立于2015年12月，是全国高校中唯一以政党外交命名的二级学院，以服务中国特色大国外交、政党外交以及首都对外交往中心建设为主。学院目前拥有国际政治、国际事务与国际关系、外交学三个专业，以二外多种语言为依托，努力建成外交外事人才的培养基地、国际问题研究的学术高层次平台和对外政策咨询的特色智库。与中共中央对外联络部以及北京市有关涉外部门建立了广泛联系与合作。

培养特色

突出"专业+语言""专业+区域国别""专业+跨文化交流"等培养特色，大力培养外交外事人才以及国际组织人才。国际政治专业是北京市"双培项目"第一批试点专业，2011年获批的国际事务与国际关系专业是全国公立院校中第一个新建专业，并于2020年入选北京市一流本科专业建设点。学院积极推行创新教学实践方式，通过"大使进课堂""专家进课堂"等形式丰富教学模式。积极拓展国际教育合作，与国外多所名校建立合作，为学生提供出国交流项目。不断拓展实习实践资源，为学生提供智库、行业协会、外交外事机构等实习和志愿服务机会。

国际交流

学院目前与国外多所著名国际关系学院有合作关系，如美国加州大学伯克利分校、美国加州大学圣地亚哥分校、美国加州大学河滨分校、美国弗莱格勒学院、英国斯旺西大学等。学生在校期间可到国外知名院校交流学习。学生可参加美国政府实习、中日韩青年学生论坛、暑期美国社会调研等实践项目。

2022 年招生专业介绍

国际政治（小语种+中国传统文化） 实行 3+1 培养方案，前 3 年在北京外国语大学学习小语种与中华传统文化，第 4 年回二外学习国际政治专业课程。本专业学生主要学习小语种语言、文学、历史、社会文化等方面的基本理论和基本知识，接受小语种语言听、说、读、写、译等方面的良好训练，同时学习国际政治专业的基础理论和基础知识，接受系统的国际政治专业训练，了解国际政治的理论动态和发展前沿，了解我国对外方针和政策，掌握国际法律基本知识和国际交流的基本技巧，从而达到培养高质量、高素质、应用型国际政治专业人才的要求。

国际事务与国际关系（国际组织） 国际事务与国际关系专业服务于国际组织人才培养的战略目标，培养具有全球视野和人类命运共同体情怀的国际组织人才，为全球治理贡献中国方案和中国智慧。凸显"专业+外语""专业+区域国别""专业+跨文化交流"的培养特色，学生掌握国际关系基本理论和发展脉络，具备较强的英语应用能力，具有国际视野和家国情怀。本专业以专业性、应用性、国际性作为主要发展方向，构建复合型、国际化、应用型人才培养模式。

外交学（政党外交） 外交学专业是顺应中国特色大国外交深入推进，尤其是党的对外工作蓬勃发展、适应我国国家形象不断改善和软实力不断提升的大势，服务首都国际交往中心建设，重在研究对外交往过程中的战略、政策与行为规律，凸显"专业+外语""专业+国别区域""专业+跨文化交流"的培养特色而设立的专业，培养熟悉和了解外交学基本原理，具备较强的外语应用能力和跨文化交际能力，掌握外交方式和技巧、外交外事礼仪和规范，具有国际视野和中国外交外事情怀的高素质人才。本专业以专业性、实践性、国际性作为主要发展方向，构建"专业+外语""专业+国别区域""专业+跨文化交流"

100%
连续五年就业率

43.8%
毕业生考取国内外知名院校研究生

62.5%
教师为教授、副教授

的复合型、国际化、实践型人才培养模式。

学生就业

政党外交学院非常重视对毕业生的升学和就业指导。近五年政党外交学院毕业生就业率均达到100%。毕业生的择业渠道广泛，就业质量高，学生的就业方向包括政府机关、教育和科研机构、企业、媒体等。相当一部分毕业生考取北京大学、中国人民大学、复旦大学等国内著名高校以及伦敦政治经济学院、美国康奈尔大学、杜克大学等国外知名高校。

附录 17 文化与传播学院

拥有中国语言文学、哲学 2 个一级学科硕士学位授权点

文化与传播学院设有汉语言文学系、汉语国际教育系、新闻学系和哲学教研室，汉语言文学专业与汉语国际教育专业为"双万计划"北京市一流专业；拥有中国语言文学、哲学 2 个一级学科硕士学位授权点。学院设有中华文化研究院、希腊研究中心等科研平台，与中国社会科学文献出版社共建中国语言文学博士后工作站。

培养特色

学院以"传承中华优秀文化，致力中外文化交流与互融"为办学宗旨，以"国际化、特色化、跨文化"为办学方向，秉承"博雅教育、国际视野、融通文化、人文情怀"的人才培养理念，构建"专业＋外语＋实习、实践＋国际化"的人才培养模式，凸显"多语种复语、跨专业复合、双语双强"的人才培养特色。

国际交流

学院注重国际交流，与丹麦哥本哈根大学、美国加州大学伯克利分校、加州大学圣地亚哥分校、北亚利桑那大学、英国斯旺西大学、朴次茅斯大学、韩国梨花女子大学等国外高校签署交流协议，每年选派学生前往国外高校开展长、短期交流学习。

2022 年招生专业介绍

汉语言文学（多语复合）旨在培养具有多语种复合（除全英语、双语课程，还开设有希腊语、拉丁语课程，也可辅修法、德、西班牙等小语种）、扎

实的汉语言文学专业基础、突出的双语写作和翻译能力、良好的中外文化交流与传播能力的复合型、国际性人才。

汉语国际教育（英语复合）旨在培养具有扎实的中文和英文专业基础，掌握熟练对外汉语教学方法及技巧，拥有国际视野及跨文化交际能力，在国内外各类学校、新闻出版机构、文化管理和企事业单位从事汉语教学及中外文化交流相关工作的高级应用型人才。

新闻学（融媒体国际新闻）旨在培养掌握多语种、跨文化新闻传播能力的创新性、应用型融媒体国际新闻人才。培养学生具有高度社会责任感和使命感，具备复合的知识结构和开放的国际视野，通晓新闻传播理论、熟悉新闻传播规律、掌握融媒体工作技能，有扎实的外语基础和应用能力；能胜任媒体以及企业、政府等机构的新闻传播工作，特别是国际新闻传播工作。

学生就业

近年来，文化与传播学院毕业生就业率一直保持在98%以上，学生主要就业去向有外交部、中央广播电视总台、新华社、人民网、凤凰卫视、国家外文局、人民出版社以及中外企业等。每年30%以上的毕业生考取国内知名高校的硕士研究生，赴美国、英国、澳大利亚等国家的知名高校继续深造。

32.84% 升学率

50% 英语专四专八通过率

98% 2021年就业率

附录18 汉语学院

> 汉语学院是北京第二外国语学院专门从事来华国际学生的汉语教育教学的二级学院,是彰显我校国际化建设成就的重要学院之一

1981年6月,二外与日本京都外国语大学签订校际交流协议书,开始招收第一批日本留学生;1988年便从事中国第一批来华韩国留学生的汉语培养任务,这些都标志着二外对外汉语教育事业走在中国来华国际教育的前列。从20世纪90年代开始,形成了留学生招生、学籍管理到组织教学、测试、结业等一整套完备的教学管理体系。并且自1993年始,具有了招收外国留学生汉语言专业本科生的资格,1994年5月,在对外汉语培训中心基础上成立了国际文化交流部,1996年11月更名为国际文化交流学院,自此,我校的对外汉语教学管理更加科学、规范,成为二外具有一定教学实力和培养特色的国际化教学单位。

从20世纪90年代后期到21世纪开始以后,我校的外国留学生教育事业得到了迅猛发展,特别是本科生人数呈现了逐年增加的态势。随着全球化和国际化的不断深入,汉语学院每年已经有来自世界80多个国家和地区的长期、短期在校生近1000人。2009年12月,原国际文化交流学院更名为汉语学院,2015年开始招收中外汉语国际教育专业硕士,至此,汉语学院形成了从硕士研究生培养、汉语言专业本科到预科培养的来华留学全链条教育教学体系,培养了一大批汉语国际教育和中华文化推广的跨文化国际型人才。

汉语学院是全国17所教育部国家留学基金委预科来华留学生项目培养基地之一,是拥有中国政府奖学金、孔子学院奖学金和北京市政府奖学金培养资质的教学单位,是全球正式设立的首批HSK考点之一。近些年汉语学院更是承担了二外六所海外孔子学院和丹麦哥本哈根大学来华留学生培养等一系列重要任务,在讲好中国故事、北京故事和中华文化传播的实践教学中更是受到了北京市委宣传部、北京市教委的高度评价。汉语学院为服务首都国际交往中心战略和二外国际化建设贡献着力量,并持续发挥着独特来华留学教育品牌的影响力。

图书在版编目（CIP）数据

高水平特色大学复语复合人才选拔机制改革研究 / 曲鑫等著. -- 北京：旅游教育出版社，2022.11
ISBN 978-7-5637-4496-1

Ⅰ. ①高… Ⅱ. ①曲… Ⅲ. ①外语教学－人才培养－研究－高等学校 Ⅳ. ①H09

中国版本图书馆CIP数据核字(2022)第211084号

高水平特色大学复语复合人才选拔机制改革研究
曲　鑫等　著

责任编辑	何　玲
出版单位	旅游教育出版社
地　　址	北京市朝阳区定福庄南里1号
邮　　编	100024
发行电话	（010）65778403　65728372　65767462（传真）
本社网址	www.tepcb.com
E‑mail	tepfx@163.com
排版单位	北京旅教文化传播有限公司
印刷单位	北京虎彩文化传播有限公司
经销单位	新华书店
开　　本	710毫米×1000毫米　1/16
印　　张	8.5
字　　数	107千字
版　　次	2022年11月第1版
印　　次	2022年11月第1次印刷
定　　价	36.00元

（图书如有装订差错请与发行部联系）